用于国家职业技能鉴定
国家职业资格培训教程
YONGYU GUOJIA ZHIYE JINENG JIANDING
GUOJIA ZHIYE ZIGE PEIXUN JIAOCHENG

市场管理员

（基础知识）

编审委员会

主　任　刘　康
副主任　原淑炜
委　员　史国祥　贺学良　郭　训　张　杰
　　　　吴江君　韩帼帼　杨石舟　王　茵
　　　　陈　蕾　张　伟

编审人员

主　编　贺学良
副主编　郭　训　杨石舟
主　审　史国祥

中国劳动社会保障出版社

图书在版编目(CIP)数据

市场管理员：基础知识/中国就业培训技术指导中心组织编写. —北京：中国劳动社会保障出版社，2009

国家职业资格培训教程

ISBN 978-7-5045-7521-0

Ⅰ. 市… Ⅱ. 中… Ⅲ. 市场管理-技术培训-教材 Ⅳ. F713.56

中国版本图书馆 CIP 数据核字(2009)第 024839 号

中国劳动社会保障出版社出版发行

(北京市惠新东街 1 号 邮政编码：100029)

出 版 人：张梦欣

*

三河市华骏印务包装有限公司印刷装订 新华书店经销

787 毫米×1092 毫米 16 开本 7.25 印张 125 千字

2009 年 3 月第 1 版 2015 年 4 月第 5 次印刷

定价：13.00 元

读者服务部电话：010-64929211/64921644/84643933

发行部电话：010-64961894

出版社网址：http://www.class.com.cn

前　言

为推动市场管理员职业培训和职业技能鉴定工作的开展，在市场管理员从业人员中推行国家职业资格证书制度，中国就业培训技术指导中心在完成《国家职业标准·市场管理员》（试行）（以下简称《标准》）制定工作的基础上，组织参加《标准》编写和审定的专家及其他有关专家，编写了市场管理员国家职业资格培训系列教程。

市场管理员国家职业资格培训系列教程紧贴《标准》要求，内容上体现“以职业活动为导向、以职业能力为核心”的指导思想，突出职业资格培训特色；结构上针对市场管理员职业活动领域，按照职业功能模块分级别编写。

市场管理员国家职业资格培训系列教程共包括《市场管理员（基础知识）》《市场管理员（国家职业资格四级）》《市场管理员（国家职业资格三级）》《市场管理员（国家职业资格二级）》4本。《市场管理员（基础知识）》内容涵盖《标准》的“基本要求”，是各级别市场管理员均需掌握的基础知识；其他各级别教程的章对应于《标准》的“职业功能”，节对应于《标准》的“工作内容”，节中阐述的内容对应于《标准》的“技能要求”和“相关知识”。

本书是市场管理员国家职业资格培训系列教程中的一本，适用于各级别市场管理员的职业资格培训，是国家职业技能鉴定推荐辅导用书，也是市场管理员职业技能鉴定国家题库命题的直接依据。

本书在编写过程中得到了南京国际化工商贸城、无锡新世界国际纺织服装城等单位的大力支持与协助，在此一并表示衷心的感谢。

中国就业培训技术指导中心

目　录

CONTENTS　国家职业资格培训教程

第1章 市场管理员职业概述

第1节 市场管理员的含义、工作内容及职业等级

1. 市场管理员的含义

市场管理员是指对商品集贸市场进行管理的人员。必须指出的是，这里所指的“商品集贸市场”是狭义的概念，现在一般理解为“专业市场”，是指“各类商品、生产要素交易的空间范围的场所”。本职业国家教程统一采用“专业市场”这一概念。因此，市场管理员是指具有良好的管理、服务、市场管理法律知识，从事专业市场的经营管理和服务等工作的专业人员。

按照社会产业部门划分的标准，专业市场管理属于第三产业，是一种集服务、管理、经营于一体的服务性产业，寓管理、经营于服务之中，其管理对象是专业市场的经营秩序，服务对象是经营者和顾客。在国家职业分类大典中，市场管理员归为“商品监督和市场管理人员”一类，代码是：4—01—07—02。

2. 市场管理员的工作内容

市场管理员的工作包括专业市场管理活动中涉及的管理服务、市场分析、政策

法规等方面的内容。该职业的基本特征是将现场管理服务技术、销售策划活动与政策法规意识相融合，提供专业市场现场服务管理，进行销售策划拓展市场，对进入专业市场的当事人及其交易活动与行为进行监督，保证正常的市场秩序。

专业市场管理的指导思想是“以服务为宗旨，以管理为手段，以效益为目的”。以服务为宗旨，就是要在专业市场管理的全过程中突出“服务”二字；以管理为手段，就是要保障专业市场良好的经营秩序；以效益为目的，就是要以社会效益、经济效益、环境效益为最终目标。

3. 市场管理员职业等级

本职业共分三个等级，分别为：市场管理员（国家职业资格四级）（中级）、市场管理员（国家职业资格三级）（高级）、市场管理员（国家职业资格二级）（技师）。各等级所需达到的职业能力、层次以及适应的岗位见表 1—1。

表 1—1　市场管理员各等级划分

等级	应具能力	层次	适应岗位
市场管理员（四级）	了解市场管理的基本知识，具备市场管理的基本工作能力	操作层次	员工或部门领班
市场管理员（三级）	掌握市场管理的基本理论知识，具备较全面市场管理的工作能力	职能层次	部门经理
市场管理员（二级）	掌握市场管理及相关专业的基础理论知识，具备综合分析和解决市场管理中出现的各种问题的能力，具有培训指导以及管理工作的能力	管理层次	副总经理或总监

随着市场经济的发展，作为以商品配置和交易为主的各类专业市场，正快速发展。不论从专业市场及销售增长的速度上，或从专业市场内在的技术与质量水平提高上来分析，现在各类专业市场已经初具规模、渐成系统，门类品种齐全，技术设备也大为改进。截至 2007 年年底，全国从事专业市场管理的人员约为 200 万人，全国各类专业市场都需要经过专业培训的市场管理人员，尤其如技术市场、金融市场、艺术品市场以及其他各种商品交易市场等。

专业市场管理作为一项新兴的朝阳产业，正随着我国经济的高速发展和社会主义市场经济体制的成熟而逐步发展。专业市场管理是一个很有发展前景的职业，必然产生大量的人才需求，尤其需要一大批具有一定专业市场管理知识和专业市场管理职业技能的管理人才，而目前大多数市场管理人员没有受过专业培训，人员素质无法满足专业市场管理的需求，很大程度上制约了专业市场的发展。

第 2 节　市场管理员职业道德和职业修养

1. 市场管理员职业道德

(1) 职业与职业道德

职业是指社会生活中，人们对社会承担的一定职责和从事专门业务的总称。职业道德则是指从事一定职业的人们在工作或劳动中应遵循的行为规范，或者说是带有职业特点的道德规范。职业道德来源于职业实践，社会上出现了职业分工，随之产生了职业道德。社会分工形成了各种职业，人们总要在一定的职业中工作和生活，通过一定的职业来获取自己的利益，同时也承担社会的责任和义务。

(2) 职业道德的特点

职业道德是整个道德体系的重要组成部分，但又具有相对独立性，其特点详见表 1—2。

表 1—2　　职业道德的特点

特点	说　明
专业性	每种职业都有各自的工作对象、内容和各种不同的职业要求，因此职业道德具有很强的专业性
可操作性	道德作为一种观念形态，并不单纯表现为抽象的理论和原则，而是作为一种行为规范，具体地在行动中表现出来。各种职业的从业人员根据劳动工作特点从道德实践中概括提炼出一些具体明确的要求，用简洁实用、生动易懂的语言形式表现出来，以激励和约束从业人员。这种对从业人员在职业活动中的要求规定非常明确具体，从而具有很强的可操作性
相对稳定性和连续性	职业本身所固有的稳定性决定了任何一种职业的工作内容、服务对象、职业要求在一定的条件下是不会变动的。当然，随着时间、地点、条件的改变，可能会有一些小变动，但从总的说来不会有根本性的变化，因此，职业道德具有相对稳定性和连续性
时代性	现阶段，我国职业道德的时代精神主要体现在解放思想、实事求是、与时俱进、勇于创新、知难而进、艰苦奋斗、务求实效，淡泊名利、无私奉献等各个方面，具有较强的时代性

(3) 职业道德的重要性

由于职业活动（工作或劳动）是人类最基本的实践活动，因此，在各种道德中，职业道德处于主体地位。

人类生活大体分为家庭生活、社会生活、职业生活三大领域，道德也相应地分为婚姻家庭道德（家庭美德）、社会道德（社会公德）和职业道德。而从事某项职业的人，有三分之一以上时间是在工作或劳动中度过的。一个人对社会贡献的大小，也是从职业活动中反映出来的。因此，职业道德对于人的一生是至关重要的。

(4) 职业道德的社会作用

1）调整职业工作者与服务对象的关系。这是职业道德的基本社会作用，其具体表现为：干部道德有助于调整各级领导干部和广大人民群众的关系，医德有助于调整医生和病人之间的关系，师德有助于调整教师和学生之间的关系，专业市场管理职业道德有助于调整专业市场管理人员和顾客以及经营者之间的关系。

2）调整职业内部的关系。如专业市场管理机构各管理部门之间的关系。

3）调整各种职业之间的关系。如专业市场管理机构与其他相关企业之间的关系。

2. 市场管理员职业修养

(1) 树立职业责任意识

树立责任意识，即爱岗敬业。爱岗和敬业紧密相连，爱岗是敬业的基础，敬业是爱岗的升华。

人们从事一种职业，取得报酬，以满足本人和家庭成员物质生活的需要；同时，在所从事的职业岗位上，就必须承担起对社会的相应责任。在我国的优秀文化传统中，对各种职业都界定了不同的职业责任：教师的职责是教书育人，医生的职责是救死扶伤，专业市场管理人员的职责就是为顾客与经营者提供服务。专业市场管理从业人员要热爱本职工作，要忠于职守、尽职尽责，其职业责任具体表现为以下两个方面：第一，立足岗位，做好本职工作，做到真诚、真情、真心。第二，要有敬业精神，也就是对服务技能精益求精。

(2) 顾全大局，遵纪守法

顾全大局是一种团队精神的体现，既包括团结协作，也包括服从组织，是集体主义在市场管理活动中的具体体现，是市场管理工作者正确处理上下级之间、同事之间、部门之间、企业之间，以及局部利益与整体利益、眼前利益和长远利益之间关系的行为准则。市场管理内部是一个密不可分的整体，在为客人提供全方位、全过程的服务中，存在着不可分割的关系。服务行业有“100－1＝0”的公式，即顾客的满意度不会因对服务项目的任何一项不满意按减法递减，而是全面否定，服务收益等于 0。牢固树立全局观念对市场管理人员来说是至关重要的，要“补台”，不要“拆台”，要深刻认识团队意识的重要性。

遵纪守法就是遵守国家的政策法规和各种纪律。这既是职业道德规范的要求，也是行政和法律规范的要求。两者的区别在于，遵纪守法作为道德规范，是一种自觉性的要求；行政、法律规范是一种带强制性的要求。市场管理从业人员以遵守宪法和各种法律以及市场管理行业的各种法规为前提。工作纪律、劳动纪律等都属于职业纪律之列，每个市场管理工作者都必须严格遵守，杜绝无组织、无纪律的现象发生。

(3) 树立良好的服务意识

服务意识是指企业全体员工在与一切企业利益相关的人或企业的交往中所体现的为其提供热情、周到、主动的服务的欲望和意识。它是自觉主动做好服务工作的一种观念和愿望，发自服务人员的内心。在市场管理过程中，要热情友好、文明礼貌、真诚公道、恪守信誉、处处为顾客着想，真心诚意为顾客服务。

热情友好、文明礼貌作为一项行为规范，是市场管理员正确对待经营者和顾客的一条行为准则；真诚公道、恪守信誉是正确处理市场管理实际利益关系的另一项行为准则。市场管理员在工作过程中，必须认真维护顾客和经营者的实际利益，办事公道，注重信誉。

专业市场管理行业是服务行业，专业市场管理的中心任务就是服务。在专业市场管理的各种活动中，市场管理员和经营者、顾客之间最主要的关系就是服务与被服务的关系。因此，每个市场管理员都要牢固地树立服务意识。

(4) 掌握专业知识和技能

为了实现专业市场的科学管理，降低成本、提高效益，要求市场管理员必须具有科学头脑、科学思想，运用科学手段从事专业市场管理工作；把学习的知识用于实践，把实践的经验上升为理论，应用计算机系统收集、整理、储存、提取各种信息，将市场管理提高到一个更高的水平。

(5) 培养良好的语言表达能力和沟通能力

从事专业市场管理工作，要求市场管理员必须具有良好的语言表达和沟通能力，能够准确地传达信息、交流思想。没有艺术的语言是难以完成各项工作任务的。在语言表达和沟通能力的基础上再具备良好的身体条件、心理素质和个人形象，才能成为一个合格的市场管理员。

(6) 严格遵循职业守则

市场管理员的职业守则为：忠于职守，爱岗敬业；科学严谨，不断进取；注重调查，实事求是；团结共事，宽厚待人；遵纪守法，讲究公德。

此外，市场管理员还必须遵守专业市场管理的各项工作规程，要在工作实践中遵守职业道德。

思 考 题

1. 简述市场管理员的概念和职业前景。
2. 市场管理员职业的特征及等级是什么？
3. 简述职业与职业道德之间的关系。
4. 职业道德的特点和社会作用是什么？专业市场管理员的职业守则是什么？
5. 什么叫职业修养？专业市场管理员的素质要求有哪些？

第2章

专业市场功能和信息化管理

第1节　专业市场兴起与经济功能

1. 专业市场的基础知识

(1)“市场”的起源

“市场”一词，从字面上来看，“市”是买卖、交换的意思，“场”即场所，市场就是商品交换的场所。

据记载，我国的“市”源于4 000多年前的井边贸易。在原始社会末期，某些部落已经出现了少量的剩余物品和私有财产。当时，人们常常在清晨去打井水，在打水时还顺便带上一些自己的剩余产品，并在井边与他人进行交换。因为当时是以井为市，所以后来就有了“市井”之说。这种原始社会的市井交换活动属于简单、零散、自发性的贸易行为。进入奴隶社会后，贸易已不在井边进行了，而是发展成为“城市”贸易。在西周时，城市中的贸易已经发展成为了集市贸易，并有了整套的组织和管理机构。例如，当时主管集市贸易的专职人员叫“司市”，专管物价的叫“贾师”，管理商品质量并检验衡器的叫“质人”，征税的叫“廛人”，他们有着严格的责任范围，各司其职。

进入封建社会后，集市贸易出现了一个重要特点：除了按照常规聚集在一起的集市之外，还有了定期集市。定期集市有四种类型：综合性集市、专业性集市、批发性集市以及节令性集市。

对集市贸易场所的称呼有很多，随着历史的变迁，名称也因地而异。比如北方叫集市，南方叫墟市，西南叫亥市，长江一带叫草市等。虽然名称各异，但性质大体相同。新中国成立后统称为“集贸市场”，简称为“集市”。改革开放后，实行了市场经济体制，习惯上称之为“市场”。

（2）专业市场的定义

专业市场是以一个类别或几个近似类别的商品为集中交易对象，以现货批发经营为主，兼顾零售的市场形式。习惯上，人们只把进行有形商品交易的市场形式称为专业市场。实际上，专业市场范畴远不止于此，还应包括无形商品交易的市场形式，如资本市场、旅游市场、劳务市场等，甚至是在网上进行大批量专业商品交易，即在没有专门的固定交易场所进行的无形专业市场交易。

专业市场作为一种或多种专项商品批量现货交易的场所，具有大批量现货交易的特点。专业市场通过满足买卖双方扩大销售规模和交易空间的需求，不仅可以使中小企业、专业户乃至消费者都能从流通领域中得到利益，而且有利于提高交易组织化程度和流通效率，有利于竞争充分和节约交易成本，从而成为解决大批量生产和消费之间矛盾的重要场所。

（3）专业市场理论研究背景

专业市场是一种商品贸易活动在空间上高度集中的现象，其本质是新兴产业集群理论的本土化，是传统的产业集群概念的提升。产业集群是在某一特定领域内，大量产业联系密切的企业以及相关支撑机构在空间集聚，形成强劲、有持续竞争优势的现象。随着经济的不断发展，在国际贸易、金融、专业化中介服务、物流、电子商务等服务性产业同样出现了集群现象，即新兴产业集群。其特征主要表现为：现代服务业和高新技术产业中同业部门在地理上的集聚；高度依赖政府主导与制度分割；高度依赖相关产业发展；构成并依赖品牌和形象；依托高度发达的网络。

（4）专业市场的基本形式

1）集中交易场所。集中交易场所即有固定场所、设施，由若干经营者入场与买方实行直接、集中、公开交易的市场，如集贸市场、批发市场、展销会等，其特征是有众多卖方集中在一起进行交易。

2）代理交易场所。代理交易场所即有固定场所、设施，由卖方和买方的代理人进行间接、集中、公开交易的场所，如商品交易所、证券交易所、期货交易所、拍卖市场等，其特征是代理交易。在这种场所里，买卖双方不直接见面，而是通过代理人进行交易，但代理人不以自己的名义从事交易活动。

3）商业企业。商业企业即企业作为经营者自备场所、设施，亲自或雇员直接向众多买方出售商品的交易形式，包括商业公司、商业合伙企业、个体商户等，其特征是卖方独立组织交易场所并直接进行商品交换活动。

(5) 专业市场的分类（见表 2—1）

表 2—1　　专业市场的分类

分类依据	主要类型	
流通环节次序	批发市场和零售市场	
流通地域	城市市场和乡村市场，发达地区市场和不发达地区市场；内地市场、开发区市场、特区市场和边境贸易市场；地方市场、区域市场、全国市场和国际市场等	
市场结构	完全市场和不完全市场；完全竞争市场、垄断竞争市场、寡头市场和完全垄断市场；均衡市场和非均衡市场；买方市场和卖方市场等	
市场组织形式	有形市场	普通商店、百货公司、超级市场、交易中心、交易所、集市贸易、展销（交流）会等
	无形市场	邮寄销售、网络销售、直销等
流通对象的特点	商品市场	消费品市场和生产资料市场等
	生产要素市场	金融市场、劳动力市场、土地市场、房产市场、技术市场、信息市场、产权市场等
	特殊市场	文化市场、旅游市场、建筑市场、运输市场等

从专业市场的功能看，专业市场可划分为三种不同的类型，其特点详见表 2—2。

表 2—2　　三种不同类型专业市场的特点

市场类型	特　点
销售地型	以当地生活或产业消费需求为依托，通过交易市场将各地的产品销往本地，销售地型的专业市场兼有批发和零售的功能
产地型	以所在地的产业为依托，通过交易市场将本地生产的产品销往各地，产地性专业市场以批发为主，兼具少量的零售
集散地型	某一区域内产品集中交易的场所，集散地型的专业市场以批发为主

2. 专业市场的演变

(1) 中外古代专业市场的沿革

中国古代的专业市场兴盛于隋唐以后。唐朝时，社会生产力比之前的朝代有了很大的提高。当时，丝绸、瓷器、茶叶既是出口的三大拳头商品，也是在相当长的时期内从对外贸易中获得较大经济利益的特色商品。为了更好地发展对外贸易，唐朝政府不仅在很多交通要道处建立了集市，而且实施了许多管理措施。例如，对住宅区和集市区进行分离，把集市区围起来，并建有市门和规定开闭的时间等，以便于管理。此外，当时在某些重要的出口城市，对外贸易的集市被纳入政府的统一管理。例如，在当时已发展为世界著名的东方大港的广州，就首设了“市舶使”（又称“结好使”）。宋代以后，随着商品种类和数量的增加，专业集市规模的扩大，管理也更加完善。例如，在广州西城扩建时，为了管理“居贾行商，往来络绎”的需要，政府不仅把店铺纷纷向西城街巷转移，而且按照行业进行相对集中管理，乃至形成了米市、小市、大市等成行成市的专业街市。明代时期，广州还在专业街市的基础上，建立了十八个称为“甫”的商业自卫组织。

在国外，早在13世纪，就有小麦专业市场形成；十五六世纪前后，葡萄酒、皮革、皮鞋、毛皮等专业市场在欧洲各国也先后出现；到17世纪，专业市场已经是一种可以被普遍看到的交易形式了。在18世纪时，形成了许多地方性工业产品专业市场。如著名的有威克菲尔德的“圆帽市场”、布雷德福的“匹头市场”、哈利法克斯的“制造商市场”、利兹的“混合呢绒市场”和“白色呢绒市场”。

集中于巴黎、伦敦、法兰克福等大城市的各类专业市场，批发交易所占的地位是比较重要的。因为当时的专业市场外围还有大量的小商店和各种商品交易会作为商品流通网络的末梢伸展到城乡各地。在这一网络中，专业市场事实上发挥着大型商品配送中心的功能。

(2) 我国现代专业市场的沿革

根据发展过程来划分，可把我国现代专业市场的发展划分为四代。

1）第一代专业市场，以露天为市和沿街为场为主要经营形式。这种以露天为市和沿街为场为主要经营形式的专业市场是伴随着商品交换活动而自发产生的，这种专业市场由于简单易行而长盛不衰，如农产品集市等类似的专业市场雏形。这是我国至今为止存在数量最多、分布范围最广的专业市场。

另外，为了城市居民的再就业以及旅游景点的开发，我国一些城市目前还存在着有组织地占用街道进行某些专业商品经营的情况，尤其是在夜晚，有些街道干脆全程封闭，开辟经营服装、小商品甚至是小吃的夜市。

2）第二代专业市场，以“大棚”基本设施加上粗放式的管理为主要经营形式。20世纪80年代，在我国社会主义市场经济体制目标得到明确后，在经济改革的不断深入和市场体系不断引入之下，许多地方就因陋就简地建立了这种“大棚”交易场所，并广泛分布于当地的城乡集镇。尤其是浙南地区，如温州、金华、台州等地区，为进行商品交易，农民自发在路边建造简易竹棚。由于投资小、准入门槛低，大大降低了商品的流通成本和价格，迎合了当时商品交易的需要，因而成为经济发展的一个新热点。

从经营者角度来看，第二代专业市场以个体户为主，且多为“前店后厂”或“自产自销”的个体户，也包括部分中间商，因而其规模较小；从商品的来源和去向上看，第二代专业市场的商品主要来自农村家庭工业、乡镇企业与一些城市国有企业，并以农村市场为主要销售地，其专业市场的辐射面较窄。

3）第三代专业市场，以完备设施的商场式环境和完善服务为主要经营形式。这种交易场所与服务形式是当前国内专业市场的主流，重点在于完善服务，以提供全方位多功能的物流、信息、技术、咨询等服务。

第三代专业市场就管理和服务跟第二代专业市场相比有一定的优势。第二代专业市场是一种简单的物业管理，大多提供的只是保安、水、电等生活服务；第三代专业市场以物业管理为基础，实行全方位、多功能的管理，提供的是配套服务。比如第三代专业市场不仅提供各种运输、金融、信息、生活、法律咨询等服务，而且还通过举行展销会、订货会、洽谈会等进行宣传，以提高专业市场的知名度，通过广告宣传服务建立与新闻媒介的关系网，以扩大市场的影响力和辐射面。

4）第四代专业市场，以构筑产业综合服务平台为主要经营形式。国际专业市场发展的五大潮流是公司化交易、电子商务、现代物流、会展博览和跨国采购。为了适应国际专业市场发展的潮流，国内的一些专业市场也开始实行集产品信息交换中心、产品展示中心、产品交货中心和国内外商贸于一体，努力构筑以现代主流为基础的产业综合服务平台。

第四代专业市场有两个基本特征：一是电子商务，电子商务将带给专业市场一场史无前例的革命，使得专业市场不仅仅是一个固定的交易场所，更重要的是市场所负载的信息，其作为一种市场交易方式，沟通和联结生产者与消费者，最主要的功能是通过信息流的形式得以实现的。二是现代物流业，现代物流将是新一代专业市场的主要特征。由传统物流行业向现代物流行业转变，呈现出物流业务处理专业化，物流企业经营规模集团化，物流公司经营业务多元化，物流服务深入化、信息化，物流业发展国际化的趋向。

第四代专业市场就竞争手段与第二代专业市场相比，第二代专业市场的竞争手段主要以投资规模大小、场馆的高档程度、摊位费的高低为手段，实际上是以其负债能力的高低为较量；而第四代专业市场主要以提供系统化、高质量的服务，高素质的人才，高知名度、影响力、辐射面为竞争手段，通过提供完善的服务而取得规模效益。

相关链接

我国专业市场发展的5个阶段

1978年，党的十一届三中全会作出了实行改革开放的重大决策。1979年，党中央、国务院批准广东、福建在对外经济活动中实行“特殊政策、灵活措施”，并决定在深圳、珠海、厦门试办经济特区。1984年4月，又进一步开放沿海14个港口城市。1985年2月，增开长江三角洲、珠江三角洲、闽南三角区为经济开放区。

1984年10月，党的十二届三中全会比较系统地提出和阐明了经济体制改革中的一系列重大理论和实践问题，确认我国社会主义经济是公有制基础上的有计划的商品经济，这是全面进行经济体制改革的纲领性文献。随着改革开放的春风，中国商品交易市场发生了翻天覆地的变化，专业市场与购物广场被认为是目前最具备投资价值的商业模式而备受青睐，中国专业市场大体经历了以下5个发展阶段：

1979—1984年——中国商品交易市场的恢复和起步阶段。城乡集市贸易的恢复和发展以及逐步放开小商品价格，促进了一些小型交易市场的发展。但当时的市场处于小规模、分散化的粗放式发展阶段。

在这个时间段，形成了市场的雏形，在经商意识较强的地方，如浙江、广东等地，形成了很多的小商贩以扎堆露天经营形式的集市贸易，而在本阶段末，政府逐渐引导商户朝室内经营，建立了市场的初级模型。在1982年就出现了如浙江义乌小商品城、浙江台州路桥小商品市场、浙江杭州环北小商品市场、广州一德路市场集群等第一批的专业市场。

1985—1991年——交易市场建设全面展开阶段。城市经济体制改革推进，特别是乡镇企业和一些民营企业的异军突起，为交易市场的迅速发展奠定了基础。交易市场的发展步伐明显加快。其特征是市场规模不断提高，一些市场辐射范围有所扩大，逐步发展成为区域性市场和全国中心交易市场，市场功能和作用也显现出来。产地型市场建设得到发展，如嵊州中国领带城、永康中国科技五金城、浙江织里童装市场顺应市场需求，开始投入建设。

1992—1997 年——商品市场快速发展阶段。这段期间，大量产地型、销地型和集散地型的农产品市场，工业消费品市场和生产资料市场呈现规模化发展，交易市场的综合服务功能得到一定程度的发挥，国内许多著名的专业市场就是在这段时间奠定了基础。

1998—2002 年——商品交易市场的规范化发展阶段。在本段期间的末期，开始产生了一些复合性功能的专业市场，市场与会展业务得到空前发展。电子商务在市场的应用也越来越广，展示性卖场功能开始突现。

2002 年以后，商品交易市场进入了调整、重组、改造和功能创新阶段。传统的市场正悄然向一种新型的模式演变。

3. 专业市场与其他市场的区别

(1) 专业市场与零售市场的区别

零售市场主要指各类商场，是进行商品零售交易的主要场所。专业市场与零售市场有一定的联系，现在各类商场在货源、价格、信息等方面也越来越依托于专业市场，并以专业市场为中心运行。两者的区别详见表 2—3。

表 2—3　　专业市场与零售市场的区别

区别	说　明
商品价格不同	一般来说，各类商场的商品价格要比专业市场高
交易方式不同	零售为主的各类商场的交易金额较小，所以现金交易是主要的买卖结算形式；专业市场以批发商品为主，交易额大，交易方式也较为复杂，既有现金结算又有银行结算等方式，但逐步趋向于银行结算
管理手段不同	各类商场虽然有专门设置的管理机构和严格的管理制度，但由于交易主体以个体为主，因此与专业市场的管理手段有所不同；专业市场一般有周密的组织管理，能够保证公平竞争和市场的良性循环

(2) 专业市场与期货市场的区别

期货市场脱胎于专业市场，是由于专业市场的现货交易范畴难以解决平缓物价和规避风险等问题而出现的产物。期货市场是指买卖双方事先就交易商品的数量、质量等级、交割日期、交易价格、交割地点等达成协议，在未来某一时日按照规定的时间和方法，在特定的交易所内进行商品标准期货合约买卖，因专业市场上交易的只为现货，所以期货市场不属于专业市场。专业市场和期货市场的区别见表 2—4。

表 2—4　　专业市场与期货市场的区别

区别	说　明
交易目的不同	期货市场从事的是买卖合约的交易，买卖合约的最终目的可能与商品流通无关，主要是发现价值和引导价格；专业市场从事的主要是现买现卖的现货交易，目的就是实现商品的本质属性
成交方式不同	期货市场是成交在先，交割在后，成交与交割不是同时进行；专业市场是一手交钱，一手交货，即成交与交割同时进行
流通方式不同	期货市场是信用制度在流通领域的扩展，是一种新形式的保险活动；专业市场进行的是经济性实物的商品流通
商品限制条件不同	期货市场上交易的商品必须是标准化、规格化、耐储藏的；专业市场上交易的商品只要能够保证质量，没有其他的限制条件
交易方式不同	期货市场上交易不仅需要经过经纪人进行，而且要向清算机构交纳其成交额一定比例的保险金，以保证以后交易的正常进行；专业市场是现货供应，面对面地对商品进行商谈定价以及付款，不需要经过经纪人，也不需交纳保险金

相关链接

规范化专业市场与自发形成的专业市场

中国专业市场的形成有两种形式：一种是由政府有关部门或是投资者选择适当地点投资兴建起来的规范化专业市场；另一种是在集贸市场基础上自发形成的专业市场。一般被称为专业市场的就是指前一种规范化专业市场，它代表着未来的发展方向。两者的关系是：后者是前者的基础，前者是后者发展的必然结果。

这两种形式的专业市场的区别见表 2—5。

表 2—5　　规范化专业市场和自发形成的专业市场的区别

区别	说　明
品种范围不同	脱胎于集市贸易市场的自发性专业市场交易的商品品种较多、经营范围较广、专业性较低；而规范化专业市场上交易的品种很有限，市场形态更为专业性。以农产品专业市场为例，规范化专业市场上交易的主要是小麦、玉米、大豆等品种，交易品种范围很小；而在自发形成专业市场上交易既有粮油又有肉菜，既有花卉又有药材，既有鲜活品又有干成品，几乎所有的农产品都可以上市交易

续表

区别	说　明
参与者不同	自发形成的专业市场对交易参加者的资格没有限制，谁都可以进场交易；规范化专业市场对交易参与者有一定要求，只有取得了相关资格的单位或个人才可进场交易
交易方式不同	自发形成的专业市场大多采用传统的一对一谈判买卖方式，基本实行当面现金结算，效率低且风险大；规范化专业市场采用的交易方式比较多，主要有拍卖方式、协商买卖方式、信托交易方式等
管理手段不同	自发形成的专业市场的管理规章制度相对不健全，而且短期行为也较为严重；规范化专业市场基本都有一套完整的内部管理规章制度，保证良好的市场交易秩序
软硬件不同	自发形成的专业市场仅仅作为一种商品交换的场所，设施和设备简陋，组织管理松散，提供的服务项目也较少；规范化专业市场拥有交易环境较好的建筑物及其必备的配套设施设备，而且拥有专门的管理组织和提供商品流通的系列服务

4. 专业市场的作用

(1) 聚集效应作用

专业市场周围往往聚集了各类产业，并随着专业市场实力的增强产生巨大作用。

1）提高生产力。大量的专业市场存在，不仅可以彼此互为市场，而且可以相互提供原材料、半成品、成品和服务。这样既增强了厂与商之间的互补性，又增加了厂与商之间的协作性；既活跃了市场经济，又扩大了市场规模；既可以提高资源的利用率，又可以提高周边地区的生产力。

2）增加资金来源。大产大销既有利于大量吸收外资，又可以增加税收，从而增加资金来源。

3）推动相关产业发展。专业市场的发展还可以带动交通、物流、通信、广告、餐饮、金融、旅游、加工等相关产业的发展。

4）创造就业机会。据粗略统计，一个有 500 个铺位的中型专业市场，大约需要 2 000 名销售人员，又如全国工商联五金商会的十几家大型专业市场，总计吸纳就业人数为 7 万～10 万人。如此类推，全国各类专业市场创造的就业机会远远超过 1 000 万人。

5）改善生活。推动相关产业发展和创造就业机会有利于保障消费者的生活，而大量商品的聚集则可以丰富消费者的生活并满足消费者个性需求。

（2）扩散效应作用

专业市场的建立可使城乡之间按比较成本进行专业分工生产和交换。这不仅增加了产量，使资源得到更有效的配置，而且通过交换，各自又都得到了多于自己生产的消费量。这是专业市场通过专业分工和交换对城乡地区产生的直接利益的辐射。

另一方面，专业市场通过一系列动态转换过程，将其自身的能量不断地扩散出去，从而带动城乡地区的经济增长：一是无形扩散，如价格信息、市场服务等，各类专业市场通过市场供求信息的传递，可以及时向厂与商提供市场供求动态，为厂与商调整商品结构提供依据。市场服务扩散是提供更广泛意义上的方便、高效的无形支援。二是有形扩散，技术扩散、商品供给等都属于有形扩散的范畴。

（3）协调效应作用

1）协调消费需求。在经济生活中，人们的现实消费需求需要通过市场媒介来完成，人们的潜在消费需求是随着经济发展和市场的导向与培育而逐步转化为现实购买力的。这其中要有一个相互配合与配合适当的问题，即协调。协调得好，不仅可以刺激消费需求，而且可以促进城市经济发展。

2）协调投资需求。通过专业市场的物流状况，投资者可以了解某些地区的需求情况，可以有的放矢地向该地区利润率高的产业进行投资，从而弥补市场有效需求的不足，以促进自身经济发展。

3）协调生产要素。专业市场能够反映许多方面的信息：需求的，供给的；现在的，将来的……解读这些信息很容易了解市场内外的土地、资本、劳动力、技术等生产要素需求状况，使各种生产要素的调节变得简单。

4）协调生产发展。大市场、大流通的形成，致使市场容量扩大，既可以吸纳更多数量、品种、品质的商品，又可以遏制独家生产垄断，从而能协调分散的小厂商与大厂商之间的发展。

（4）创新效应作用

我国现代专业市场的建立和发展不仅是对于旧流通体制的否定，而且对旧的利益格局和思维定式产生了巨大的冲击。专业市场这种冲击力源于制度创新，因为我国现代专业市场本身就是制度创新的产物。现代专业市场不单需要制度创新，还需要科技、商品、观念、营销和城市建设等方面的创新。专业市场是新商品、新技术的流通与展示场所，不但可以直观地展示商品，提供商品的信息资料，还可以间接地展示不同的文化、不同的科研成果，这样就有利于人们开拓思路，创新商品、创新流通模式、创新观念、创造经济和市政建设的新思路，从而进一步提升市场的功能和形象。

5. 专业市场的经济功能

(1) 商品聚散功能

专业市场通过吸引和汇集四面八方的商品和买卖者于某一固定交易场所，这样既有利于节省搜寻交易对象所需的费用，又有利于在较短的时间内完成交易过程和提高成交率。这样不仅大大缩短了流通路径，而且大大提高了聚散率。

(2) 价格形成功能

专业市场可以大量汇集各地的商品和吸引买家，以使商品在较大范围进行流通，这也促使来自各地乃至各国的商品有机会进行同一场所的竞争。这样一来，同一种商品就可以通过从质量到数量的比较而论价。通过货比货，不仅有利于直接反映商品价值，而且有利于间接地反映供求关系，从而有利于真实价格迅速形成。

(3) 信息中心功能

专业市场联结着供需两头，包含买者、卖者、商品、技术、价格、供求等在内的信息密集体，是一个信息收集、整理、发布的理想场所。专业市场在记录商品信息和消费者偏好的同时，还可以发布和传播新的商品信息，预测未来的市场行情走势。

(4) 调节供求功能

通过专业市场内大批量、大规模的商品集散，人们可以从商品的积压和短缺中发现供求矛盾，从而起到调节有效需求和生产供应的目的。

(5) 降低交易成本功能

专业市场的经营方式有利于降低交易成本。专业市场卖方摊位的固定化，是建立信誉链的基础，又有利于减少交易风险，从根本上降低交易成本。专业市场采用较为标准化的交易形式和企业化的管理方式，有利于减少交易过程中的短期行为；专业市场上卖主与买主大量汇集容易形成固定的交易关系，从而节省某些交际费用；专业市场具有信息优势，减少收集信息成本；专业市场有利于减少企业商品仓储费用。

(6) 综合服务功能

专业市场在自身的运营过程中，一方面，它需要为交易者提供各种便于交易的服务；另一方面，它又形成一条很长的产业链，比如说，专业市场在进行交易过程中既需要场地、装卸、加工、保管、邮电、通信、信息、金融、保险、食宿、卫生等各项综合配套服务，又形成了一条由上述具体而细微服务所组成的产业链，从而创造更多就业机会。

第 2 节　专业市场信息化管理

1. 专业市场信息化管理的必要性

随着市场经济的发展，专业市场面临的问题越来越多，具体情况见表 2—6。

表 2—6　　专业市场面临问题与后果

市场管理中出现的问题	导致后果
各项报表不能实时反映市场的招商情况	主管领导无法及时了解市场的招商情况，从而错失很多机会
市场高层管理者不清楚市场或市场具体管理操作者在每一时间阶段的工作情况	形成管理上间隙性断层
无法及时掌握市场内空置场地的出租情况	有商户来租用场地不能很快地反映出是否空置，从而错失招商机会
营业用房出租率降低时不能动态了解产生这种情况的原因	久而久之使之产生恶性循环，市场效益大减
合同等市场重要文件资料在各部门调用中的人为遗失	很难被轻易发现，给各项工作带来不必要的麻烦
营业用房租金及其他费用（仓库、广告、电话、水电等）的人工催收	查询不便，效率较低，而且容易发生漏费逃费现象
市场具体操作人员的流动	新人员对市场业务管理细节的认识不到位，给市场管理工作带来很大的不安定隐患
工作人员管理、监督措施不到位	服务质量的下降，市场整体形象受损
市场商户经营中的违纪现象不能得到及时的反映	消费者满意度下降，使市场品牌价值和信誉度受损
市场经营管理费用得不到合理的规划和及时的统计	管理费用的失控

问题的产生及其带来的不良后果使专业市场管理者急需一种解决方案，为其提供新的利润增长点，降低管理成本，提高管理质量。随着社会的发展，专业市场建

设的步伐进一步的加快，专业市场竞争力的高低很大程度上取决于其获取和处理信息的能力。专业市场发展依靠的是正确的决策，而决策的基础则是信息。对专业市场来说，怎样比对手提前一步获得有效的市场信息显得尤为关键，而这一点离开了现代信息技术的支撑是无法做到的。

2. 专业市场信息化管理建设的作用

就目前大多数专业市场的经营状况而言，普遍存在着新的利润增长点不足的问题：房租、管理费收入固定不变没有成长性；户外广告因广告位固定导致收费成长率不高，而专业市场上交管理费和市场广告投入的不断增加，造成专业市场利润下降。因此专业市场依靠信息 IT 管理软件的建设成为新的利润增长点绝不可小视。

对专业市场来说，市场就是其生命线。迅速对市场需求变化作出反应，及时推出适应市场变化的管理模式是专业市场成功的关键所在。今天的市场已进入买方市场，商户和消费者对专业市场的要求，不仅仅是提供环境优美的经营场所和物美价廉的产品，而且还包括对应于专业市场和产品的高附加值的服务。市场的这一需要离开了市场的信息化管理可以说寸步难行，专业市场通过对信息快速处理，对内可使专业市场经营活动过程中的人流、物流、资金流、信息流处于最佳状态，以最少的投入获得最大的产出；对外可通过在因特网上设立站点，直接面对商户和消费者，为他们提供专业、可靠、详细的信息服务，从而以更低的价格和更高的服务质量赢得市场。

专业市场采用信息化的管理手段，使用市场管理软件代替人工收集信息，由于计算机处理数据的速度很快，加上网络的传输使得数据每时每刻都可以更新，可以十分方便地避免人工收集资料的种种弊端，令专业市场获得及时、准确的信息收集，从而作出快速、正确、有效的指令；同时，用市场管理软件来代替人工库存数据，可以防止人工错误和暗箱操作，保证专业市场规范化操作，维持良好的信誉。

3. 专业市场信息化管理主要内容

(1) 商户管理

商户管理涉及商户资料维护、商户综合信息、经营品种分布等。商户管理提供对入住市场的商户进行全面管理的能力，如商户的基本资料、驻场人员资料、办照情况、违章情况、被投诉情况、合同信息、交费情况、经营品种等，使市场对商户各方面的情况了如指掌。有了商户的全面数据库，使市场能够有的放矢地制订有关策略，调整经营布局。

（2）招商管理

招商管理提供对市场潜在商户进行全面分析的能力，如客户的来访来电、客户询价、市场报价、客户来源分析、招商机会预测等，使市场对潜在的招商机会有全面细致的记录与综合分析。

（3）摊位管理

摊位管理包括摊位定义、市场情况分布、摊位综合信息、摊位出租、商品市场准入管理等。基于GPS技术的市场电子地图，具有快速定位、快速的信息处理和信息查询能力，可以按照市场实际情况设置层次化的摊位体系，并可设置市场布局图，进行出租、转租、提前终止等业务办理，各项操作一目了然，使非专业人员也能迅速掌握。通过市场电子地图可以任意查看摊位状态，并能根据设定的日期自动与合同对照，反映合同、商户、收费、租期等情况，查询统计任一部分或全部摊位的各种信息。

（4）租赁管理

租赁管理包括租赁合同签订、合同信息维护、市场情况概览、摊位转让管理、摊位转租管理、合同中止管理、合同综合信息汇总等。全面管理市场的各种合同、动态记录，实时反映市场整体情况，跟踪每一合同的执行情况、每一摊位的收付费情况。

（5）费用管理

费用管理包括租金费用管理、综合服务费用管理、转租转让费用管理、电费管理、合同押金管理等。该系统可以按市场的实际情况设置收费的项目、方式。系统会动态计算应收款、欠款，能给出格式灵活的应收费用、收费详细情况；智能提示实收租金、合同当前情况，到期合同等；自动打印费用清单，并以Excel，Word等文件类型导出数据。使用市场管理系统收费管理模块，可以极大地降低工作量，提高准确性，也可以杜绝人为的疏漏。另外，灵活多样的查询、对账、汇总统计功能，可以从各角度反映市场经营状况，也为财务记账核算提供极大便利。

（6）违章与奖励管理

对商户的各种违规行为进行登记，对表现良好的商户进行奖励，以便维护市场良好的秩序，提高市场整体形象，为广大客商提供更佳商务活动环境。

（7）营业登记管理

营业登记管理包括登记商户的各种证照办理情况，按条件查询汇总证照办理情况，以配合工商部门督促商户遵纪守法。证件办理情况统计可对商户办理各种证照情况进行统计，如该系统可统计报告目前市场内已办理工商营业执照、已办理税务登记，以及未办理工商营业执照、税务登记、卫生许可证分别有多少个。

(8) 基础数据管理

基础数据管理主要是设置系统参数，如摊位设置、费用类型设置、经营品种分类等。摊位设置主要是对摊位分区、摊位设施、摊位位置、摊位用途、摊位朝向等进行定义操作。

(9) 统计查询分析管理

统计查询分析包括商户统计分析、摊位统计分析、合同统计分析、费用统计分析、预测统计分析、汇总统计分析等。

统计查询分析可按多种途径查找商户的档案（包括从业人员）；对摊位的用途、面积大小、出租情况进行查询统计；对租赁合同、转租转让合同、中止合同、到期合同进行分类统计；可对市场所收取的各种费用项目进行分类统计；对摊位按面积、位置以及租金比例提价分析；对市场租赁收入、摊位年度租金、历年收入对比等汇总分析。

(10) 用户权限管理

用户权限管理包括设定各级领导、系统管理人员、每个部门的业务人员、企业人员等的操作权限。定义各人员的工作范围、模块控制权限，保证用户数据范围的可控制性。

(11) 短信管理

短信管理可通过按组群发、单条发送、自定义条件等进行操作。便捷的操作设计，让群发短信更简单。发短信记录备案，便于市场查看发送记录。主要应用举例如下：

1）通过市场地图直接对商户发送手机短消息。

2）合同到期、费用催收等手机短消息提醒通知。

3）营业登记、违规违章短消息通知。

4）开会通知、节日祝福、业务合作、与客户沟通等。

4. 专业市场信息化管理软件主要功能模块（见表 2—7）

表 2—7　　专业市场信息化管理软件功能模块

功能模块	包含内容
市场资源管理	营业房管理、广告位管理、仓库管理、车位管理、活动场地管理等
商户管理系统	商户基本资料、商户历史记录、品牌商户引进等
合同录入系统	租赁合同、活动合同、广告合同、外包协议等

续表

功能模块	包含内容
合同审批系统	租赁审批、活动审批、广告审批、外包审批、合同存档、合同打印、到期合同提醒等
收费管理系统	收款管理、付款管理、发票管理、退押金管理、催缴单管理、财务对账单管理、银行扣款管理等
市场日常事务	操作日记、客户信息反馈、客户投诉、市场纠纷调节、安防记录、车队管理等
业务综合查询	市场资源查询，商户综合查询、合同综合查询、日志查询、投诉查询、安防记录查询等
报表统计系统	营业房出租率统计、广告位出租率统计、商户营业额统计、商户信息统计、转租转让统计、应收款明细、应付款明细等
系统管理	系统参数设置、操作权限设置、个人信息修改等
考核管理	商户出勤、违约、遭投诉等综合考核管理，人事考核管理等
市场行政管理	公文管理、通知管理、会议管理等
市场人事管理	人事档案管理、薪资管理、培训管理等
市场个人办公	日程安排、待办事宜、个人工作计划、个人地址簿、最新提醒等

思考题

1. 简述专业市场的含义和种类。
2. 简述专业市场的演变过程。
3. 简述专业市场与其他市场的区别。
4. 专业市场的经济功能有哪些？
5. 专业市场信息化管理建设的作用和主要内容是什么？

第3章

专业市场运行基础和结构

第1节　专业市场运行基础

1. 专业市场形成的基础

（1）拥有数量型的消费群体

改革开放以后，随着居民收入水平的不断上升和轻工产品、日用品供给的增加，传统的国有商业流通渠道和制度很难适应这种社会消费基础的发展，因此在客观上就要求有一种流通活跃的新型交易市场，以刺激社会商品生产和满足社会对商品的数量需求。在这种数量型的社会消费需求拉动下，专业市场作为一种所有权和经营权分离的新型商业企业制度，由于其投资小、经营分散、交易成本低、商品周转快、价格低廉，正好能满足社会数量型消费需求条件，而成为商业制度创新的一种选择。这种专业市场不仅迎合了我国人民的传统消费习惯，而且能够满足消费者“实惠消费”的心理。

（2）拥有数量型的中小企业

现阶段我国众多以中小企业为主的数量型企业，其特点是以小规模为主、以劳动密集型产品为主、以实行粗放式经营管理为主。而大多数中小企业不可能直接依靠品牌、传播媒介、公关手段等现代营销手段或方式来销售产品。起初，大多数中小企业只能选择简单的人员直接购销方式，来购买原材料和推销自己的产品。这种流通渠道、交易方式与制度创新的选择空间都十分狭小，而且具有很高的交易成本，缺乏市场秩序性。因而在经历了一个销售组织与销售功能的外部化过程后，就形成了一个可供共同享用的销售网络，并通过提高这一销售网络的知名度来吸引客户、扩大销路和降低交易费用。这一共同销售网络的实现形式就是专业市场。

2. 专业市场发展的基础

(1) 区域支柱产业

富有特色、成交额大、辐射力强、发展势头旺的专业市场基本上都与当地的支柱产业相联系，同时依靠区域支柱产业的支撑。如义乌中国小商品城、绍兴中国轻纺城、永康中国科技五金城等，它们都与区域支柱产业的迅速崛起与发展是分不开的。有些区域围绕支柱产业还形成了产业集群，它们的产值甚至占当地工农业总产值的 70%以上。

(2) 民营经济

专业市场发展迅猛的地区大都是乡镇个体私营企业等民营经济起步早、发展快、比重大的地区。民营经济为专业市场提供了内在动力和市场信息。

(3) 区位优势

纵观专业市场的发展过程与地理分布，可以看到专业市场主要分布在具有某种区位优势的地方。这种区位优势包括：发达的城镇、便捷的交通、一定规模的集市等。

专业市场的发展，大致经历了“集”“市”“城”的发展路线。即先有一定规模的“集”“市”，然后通过适当的集中、整合与提高，最后形成有规模、有效率的专业市场。

(4) 商业文化

从市场运行的角度考察，商业文化是由市场价值准则、市场观念体系和市场心理承受力所构成的。其中市场价值准则是商业文化的灵魂，市场观念体系是商业文化的内在层次，市场心理承受力是商业文化的表面层次。三者有机结合在一起，共同形成了市场活动主体的精神风貌。

在专业市场运行过程中，商业文化体系包括：以追求利益最大化为核心形成的市场利益观念（价值观念、利润观念、效益观念、成本观念、交换观念等），以权利平等、地位平等为核心形成的市场权利观念（自主经营观念、平等交易观念、自愿让渡观念、等价交换观念等），以改善各自生存条件为核心形成的市场竞争观念（信誉观念、公关观念、开拓观念、应变观念、时间观念、信息观念、科技观念、人才观念等）。

(5) 法制环境

1）市场主体制度。市场主体，即市场活动的当事人或参加者，包括自然人、法人和其他经济组织。市场主体制度，就是指调节这些市场主体参加市场活动的权利能力和行为能力等方面的法律规范，包括市场主体资格的确立、市场主体进入与退出市场的程序和条件、市场主体在市场活动中的权利义务等内容。

2）市场客体制度。市场客体，即作为交换对象的各种商品，包括有形商品和无形商品。市场客体是市场主体的权利和义务所指向的对象、目标，是市场主体发生经济关系的媒介。市场客体制度，就是从法律上赋予市场客体一定的性质和特征，规定市场客体进入市场的范围、条件和要求等方面的法律规范，如产品质量制度、食品卫生制度、商品检验制度、卫生检疫制度等。

3）市场契约制度。市场契约，是指两个或两个以上市场主体之间关于设立、变更或终止民事权利义务关系的协议，它体现了契约主体之间的一种市场信用关系。市场契约制度，是指确认这种市场信用关系的合理性及法律效力，保证市场信用关系顺利实现的法律规范。契约行为是一种法律行为，市场契约制度有效地调节了平等民事主体之间的契约关系，保证了市场信用关系的稳定性、安全性，维护了市场主体的合法权益。

4）市场竞争制度。市场竞争制度，就是规定竞争的原则、范围和各项竞争规则，明确正当与不正当竞争界限的法律规范，包括反不正当竞争法律规范、反限制竞争法律规范、反垄断的法律规范等。

5）政府支持。专业市场之所以能迅猛发展，在很大程度上，是同当地政府的重视和支持分不开的。政府由于掌握着当地的绝大部分资源，通过运用财政、税收等政策，发挥利益杠杆作用，不仅可以进行宏观调控，而且可以促进微观搞活。

第 2 节　专业市场运行结构

1. 专业市场运行主体的结构

(1) 专业市场运行主体的定义

专业市场运行主体，是指拥有商品所有权，能够按照自己的意志从事商品交换活动，以实现其经济目的的当事人。

（2）专业市场运行主体的构成

1）组织管理者。专业市场组织管理者有些是由开办主体组成的，有些则是由经营主体组成的。他们或是由所在地政府投资后组成的管理机构，或是由投资者组成的管理机构，或是由投资方委托组成的管理机构。但后两种管理机构一般需要再由上级业务主管部门派员驻场监督。

2）进场交易者。进场交易者一般有生产者、批发商、零售商、消费者（包括企业、团体、单位和个人）。进场交易者中的供给一方应是资信良好的独立法人。为保证专业市场的适度竞争，既要保持一定数量的进场销售者与购买者进行交易活动，又要严格限制进场的交易者数量，尤其是批发商的数量，销售者一旦取得进场资格后就不得随意停止。对于违反专业市场规则者要给予一定的处罚。就中国现有情况，进入专业市场的销售者主要包括商品生产企业、商品批发企业、商品销售企业、购买原材料进行加工的企业。

3）市场服务者。市场服务者是专门为专业市场交易活动和交易人员提供辅助服务的企业或机构。他们主要包括有：商品结算中心，主要负责成交合同的鉴定认可、保证金的收取、交易金额的结算等；商品检测中心，主要负责上市商品等级、质量的确定；信息中心，主要负责统计和公布当日成交商品数量和价格情况，收集与专业市场行情有关的政府政策和社会信息；仲裁委员会，主要负责对交易活动过程中出现的纠纷进行仲裁调节，违章查处；以及金融、运输、通信、保险、警卫等进驻机构。

2. 专业市场运行客体的结构

（1）专业市场运行客体的定义

专业市场运行客体，是指作为交换对象的各种商品。展示在人们面前的市场运动首先表现为商品的运动。这里的商品既包括各种以实物形态出现的有形商品，如农副产品、工业消费品、生产资料等；也包括各种以非实物形态出现的无形商品，如劳动力、技术、信息等。

（2）专业市场运行客体的构成

按照商品的不同属性把专业市场客体结构分为商品市场和生产要素市场两大组成部分。专业市场客体结构框架示意图如图 3—1 所示。

商品市场和生产要素市场的相关内容详见表 3—1 和表 3—2。

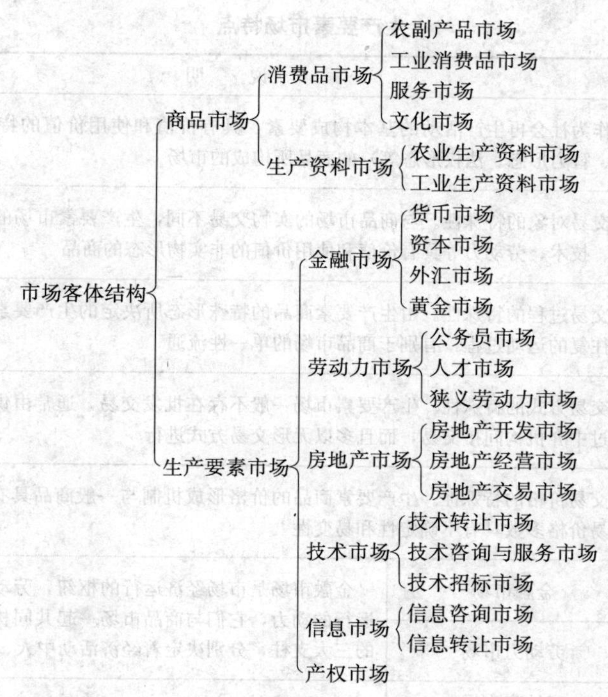

图 3—1　市场客体结构框架示意图

表 3—1　　　　　　　　　　商品市场特点

商品市场	说　明	
定义	商品市场主要由各类满足人们生产或生活消费需要的商品构成	
特征	市场商流与物流交织并存（用于消费的房地产除外）	
	市场交易活动分散而又频繁（为了满足这一要求，应当根据商品流通的客观规律增加流通渠道，广设交易网点，扩大商品流量，协调产销关系）	
	市场组织结构和形式多样化、多层次（有批发市场、零售市场、批零兼营市场之分；有产地市场、中转地市场、销地市场之分；此外还有产销合一型、产销分离型、产销结合型等各种类型）	
结构体系	消费品市场——满足生活消费需要，维持人类的生存、享受和发展的市场	农副产品市场（如粮食市场、棉花市场、肉类市场、禽蛋市场等）
		工业消费品市场（如家电市场、服装市场、小商品市场等）
		服务市场（如饮食服务市场、医疗市场、旅游市场等）
		文化市场（如出版市场、演出市场、文物市场等）
	生产资料市场——满足生产消费需要，以保证社会再生产不断进行的市场	农业生产资料市场（如农药市场、种子市场、农具市场等）
		工业生产资料市场（如钢材市场、石油市场、机电设备市场等）

表 3—2　　　　　　　　　　**生产要素市场特点**

<table>
<tr><th>生产要素市场</th><th colspan="2">说　明</th></tr>
<tr><td>定义</td><td colspan="2">作为社会再生产活动的基本构成要素，具有价值和使用价值的特殊形态（如货币形态、智力形态、法权形态等）的商品所构成的市场</td></tr>
<tr><td rowspan="4">特征</td><td colspan="2">交易对象的特殊性。与商品市场的实物交易不同，生产要素市场的交易对象主要是信息、技术、劳动力等具有价值和使用价值的非实物形态的商品</td></tr>
<tr><td colspan="2">交易过程的特殊性。由生产要素商品的特殊形态所决定的生产要素流通大多表现为循环往复的运动过程，有别于商品市场的单一性流通</td></tr>
<tr><td colspan="2">交易方式的特殊性。生产要素市场一般不存在批发交易，通常由供求双方直接交易或通过中介机构间接交易，而且多以无形交易方式进行</td></tr>
<tr><td colspan="2">交易价格的特殊性。生产要素商品的价格形成机制与一般商品具有很大的不同，因而交易价格多数具有不确定性和易变性</td></tr>
<tr><td rowspan="6">结构体系</td><td>金融市场</td><td rowspan="2">金融市场是市场经济运行的枢纽，劳动力市场是市场经济运行的动力，它们与商品市场一起共同构成了现代市场体系的三大支柱，分别决定着经济活动中人、财、物的运动</td></tr>
<tr><td>劳动力市场</td></tr>
<tr><td>房地产市场</td><td rowspan="4">房地产市场、技术市场、信息市场、产权市场等形成了三大市场的辅助体系和必要补充，从而使商品交换关系得到更加完整和充分的体现</td></tr>
<tr><td>技术市场</td></tr>
<tr><td>信息市场</td></tr>
<tr><td>产权市场</td></tr>
</table>

3. 专业市场运行的行为结构

(1) 专业市场行为的概念

市场行为是专业市场主体有目的、有意识的主动活动，它反映着不同商品所有者之间的商品交换关系和经济利益关系。专业市场行为的内容十分丰富，包括购买行为、销售行为、价格行为、计量行为、质量行为、商标行为、广告行为、公关行为等。

专业市场上无数当事人之间错综复杂的经济联系，必须通过各种各样的商品交换活动才能表现出来。

各种具体的市场行为可以归纳为市场交易行为与市场竞争行为两种基本类型。市场交易行为，是指专业市场主体建立直接的商品交换关系所实施的行为。这是专业市场行为的最基本内容，它包括购销行为和契约行为。市场竞争行为，是指专业市场主体为了建立商品交换关系、争取有利的交易条件和更大的经济利益所开展的一系列活动。这些活动本身虽不是建立商品交换关系，但它为商品交换的顺利实现创造了更好的条件。从法律角度看，一般把市场竞争行为分为合法的市场竞争行为和非法的市场竞争行为。非法的市场竞争行为包括垄断行为和各种不正当竞争行为。

专业市场管理的基本任务就是要通过对市场行为的监督管理，保护合法的市场行为，打击非法的市场行为，建立良好的市场运行秩序。

(2) 专业市场交易行为的制度

1）进场销售者的资格评定制度。凡进入专业市场进行大规模交易者，必须符合法定条件。政府和专业市场对进场进行大规模交易的单位或是个人必须经过严格的资格审查，特别是作为交易主体的生产者、批发商和零售商。审查、评定、批准后，方可进场进行专业商品的大规模交易活动。一经批准进场交易，市场管理方就需一视同仁。

2）保证金制度。凡经过批准的进场销售者，必须向所要进入的专业市场交纳一次性定额资格保证金，这笔保证金仍归交纳者所有，主要用于交易资格保证及信誉保证，由专业市场的结算部门代管。退出专业市场时，保证金如数退回。另外，交易双方在成交后也要交纳一定的保证金，以保证合约的履行，若一方违约，致使另一方受损时，可以以此作为赔偿。

3）定期开市制度。专业市场可以根据实际情况和国家的有关政策明确规定各自的交易时间。交易时间一旦确定下来，就不得随意变动和更改；如若变动和更改，要通过专业市场管理机构乃至上级业务主管部门来决定。

4）限定价格幅度制度。专业市场内当日成交的商品价格不能超过规定的升降幅度。当专业市场出现商品价格暴涨暴跌时，当地政府或是专业市场的组织管理者有权宣布暂时关闭专业市场和交易合同无效。同时，报请上级有关部门采取商品吞吐措施，以稳定专业市场行情。

5）交易合同标准化制度。合同是市场主体之间为了确定各自权利和义务所订立的协议。标准化合同则是指有特定标准和规范化的合同，它对交易商品的品种、数量、质量、包装、交割日期等均有一定规格要求。市场经济属于契约化经济，交易合同维系着专业市场经济活动的有序进行。而有无标准化制度或标准化制度是否完善是衡量一个专业市场成熟程度的重要标志。

6）公开叫价制度。公开叫价制度是公开拍卖商品、公开协商商品价格等交易方式的有关制度。制定这些制度的关键，要保证交易商品的透明度，交易方式的公开、公正，竞争方式的公平等。

4. 专业市场运行的秩序结构

(1) 专业市场秩序的概念

专业市场秩序是指体现商品交换活动规律和社会经济管理要求的外部规则，以及由两者共同作用所决定的市场活动状态，包括市场交易秩序和市场竞争秩序。通常所说的市场秩序主要是指一种状态，即专业市场运行状态或专业市场活动状态。

(2) 专业市场秩序的二要素

专业市场秩序的二要素是指市场机制和市场规则。这二要素直接决定专业市场秩序的状态。其中，市场机制是决定专业市场秩序的内部因素，市场规则是决定专业市场秩序的外部因素。只有两者相互协调，在动态中形成合力，专业市场秩序才会处于可控的、有序的状态。

1）市场机制。市场机制就是市场运行的实现机制。市场机制有一般和特殊之分：一般市场机制是指在任何市场都存在并发生作用的市场机制，主要包括供求机制、价格机制、竞争机制和风险机制。特殊市场机制是指各类市场上特定的并起独特作用的市场机制。

市场机制是由价格、竞争、供求、风险等要素构成的。需求和逐利的欲望是产生商品交换和推动市场系统运行的原动力。市场经原动力启动后，即在价格、竞争、供求和风险等市场要素之间的相互作用中循环运行：价格引导供求，供求最终决定价格；利润（对消费者来说是效用）调节竞争力度，竞争调节着供给和价格；风险对竞争有抑制作用，利润则支撑着竞争的强度。

市场机制是市场活动的内在规律，是专业市场的生命和灵魂，没有市场机制就谈不上专业市场。所以，专业市场秩序应当以市场机制为基本内容，应当充分尊重市场机制的内在规律，由此而形成的市场秩序被经济学家称作市场的“自然秩序”。市场机制也有其难以克服的局限性，表现为可能形成垄断、外部不经济、对公共产品失灵、不正当竞争等，经济学上称为“市场失灵”。

2）市场规则。市场规则是由国家、政府、行业组织等市场管理部门制定，以规范、调整商品交换关系的行为规则，包括法律规则、政策规则、行业规则、道德规则等。在市场监督管理活动中，市场规则主要是指法律规则。法律规则包括法律、法规、规章、司法解释、其他规范性文件等。

市场规则是从外部规范市场活动、维护市场秩序的工具。市场机制是市场经济条件下市场秩序的基本内核，但其所具有的局限性妨碍市场秩序以良好状态出现，因此，需要对市场机制加以校正。制定和颁布市场规则是校正市场机制、维护市场健康秩序的重要手段。

思　考　题

1. 专业市场形成和发展的基础是什么?
2. 简述专业市场运行主体和专业市场运行客体的结构。
3. 商品市场和要素市场的特点是什么?
4. 简述专业市场交易行为的制度。
5. 专业市场秩序的概念和要素是什么?

第4章

专业市场发育和发展

第1节　专业市场发育现状

1. 中国社会主义市场理论

新中国成立后，我国参照前苏联模式，建立了高度集中的计划经济体制，否定市场机制的功能，排斥价值规律的作用，严重影响了社会主义经济建设的进程。十一届三中全会后，我国在对历史的经验教训进行总结、反省的基础上，就商品经济的历史地位、计划与市场的关系、我国市场体系的发育等重大理论问题进行了广泛的讨论，并逐渐统一了认识。党的十四大报告提出建立社会主义市场经济新体制。

经过长期的改革实践和理论探索，人们对社会主义经济的本质，对社会主义经济运行机制和经济管理体制等问题的认识越来越清楚。特别是社会主义市场经济体制这一表述，从资源配置方式的角度，突出我国经济运行的基本特征，强调市场的地位和功能。

2. 中国社会主义市场的发育

(1) 市场机制发育

市场机制发育的关键在于市场价格的形成机制和企业行为的市场导向程度。20世纪70年代末开始的经济改革，使我国的经济体制发生了巨大变化，市场因素迅速增长。

在价格方面，对不合理的价格体制进行了改革，变单一的计划价格形式为指令性价格（政府定价）、指导性价格（政府指导价）和市场价格三种形式，绝大多数商品由企业自主定价，市场自由交易的范围不断扩大。

在企业行为方面，随着包括多种经济成分、多种经营方式、多条流通渠道的流通体制的确立，国有企业经营自主权的扩大，企业成为市场主体，在经营决策方面受市场导向，企业的市场观念开始确立，利润动机逐步形成，这就促使企业走向市场、关心市场、研究市场、开拓市场。

从宏观上看，国民经济的总量平衡、结构调整、资源配置、收入分配等在很大程度上也要依靠市场力量的支持。这些都充分标志着我国市场机制发育取得了重大突破。

（2）市场体系发育

市场体系是由各种商品交换关系相互联系、相互制约而形成的，它是各类专业市场组成的统一体，包括商品市场和要素市场两大基本类型。商品市场由消费品市场和生产资料市场组成，要素市场则由金融市场、劳动力市场、房地产市场、技术市场、信息市场、产权市场等组成。

1）商品市场特别是消费品市场是我国市场体系中发育最早、最快也是发育最好的市场，绝大多数消费品实行市场自由交易。

2）从生产资料市场来看，生产资料企业开始面向市场组织生产和销售，市场组织形式趋于规范化、现代化，各种类型的生产资料商场、贸易中心、批发市场、期货交易所纷纷出现。

3）要素市场也有了长足发展，主要表现在以下几个方面：

第一，金融市场方面。金融市场建立了全国统一的银行同业拆借市场，初步形成票据贴现市场和国债回购市场。短期债券市场和大额存单市场有所发展，外汇市场向国际靠拢，由有管理的固定汇率制改为有管理的浮动汇率制，资本市场空前活跃，除股票市场之外，各类基金和企业债务市场逐步发育起来。

第二，劳动力市场方面。就业市场、专业人才市场、人才交流中心及各类职业介绍机构纷纷涌现。

第三，房地产市场方面。房地产交易内容丰富，有出让、买卖、租赁、抵押、信托等。房地产市场呈持续发展状态。

第四，产权市场方面。企业产权交易市场呈现全新态势：跨国公司大举进入中国产权市场，重点行业的资产重组如火如荼，产业联盟频频出现，区域性产业集聚现象日益突出。

除此之外，技术市场和信息市场发展也非常迅速。

3. 中国社会主义专业市场现状

(1) 专业市场现状基本评价（见表 4—1）

表 4—1　　专业市场现状基本评价

基本评价	说　明
企业经营自主化	企业改革使国有企业开始成为独立的市场主体，自主经营，自负盈亏。而外资企业、民营企业则具有市场主体天然的良好基础
市场体系完备化	市场体系正在迅速形成之中，商品市场趋于成熟，各类要素市场走向活跃，一个系统的、完备的社会主义市场体系已初具雏形
市场行为规范化	市场机制日益发挥重要作用。如今，无论是企业经营、政府调控还是居民消费行为，都在不同程度上直接或间接地受到市场机制的调节和导向
市场管理法制化	市场法律体系日趋完备，市场运行规则逐步完善，对市场运行的调控和管理正在步入法制化轨道

(2) 专业市场现状存在的问题（见表 4—2）

表 4—2　　专业市场现状存在的问题

存在的问题	说　明
企业产权不明晰	部分国有企业产权模糊，预算约束软化，仍在一定程度上受行政机构的束缚，企业的市场适应能力差，竞争力不强
市场发育不平衡	商品市场比较发达，而要素市场比较落后；沿海市场比较发达，而内地市场比较落后；城市市场比较发达，而农村市场比较落后
市场机制作用不充分	市场的地区封锁、部门分割，严重制约了全国统一市场的运行，形成了“诸侯经济”“部门经济”等
市场运作不规范	企业行为随意性过大，缺乏有效的约束，侵权行为、欺诈行为、违约行为、假冒行为等不公平交易和不正当竞争行为仍较普遍
市场法制建设不完善	无法可依、有法不依、执法不力等现象造成市场秩序十分混乱，合法权益无法保障，违法行为得不到应有的制裁

(3) 完善专业市场现状目标模式的必要性

从总体上说，完善社会主义市场运行结构的目标模式，就是要形成一个统一开放、竞争有序的市场体系。其必要性如下：

1) 社会主义市场经济发展的客观要求。只有具备一个完整、高效的市场体系，才能使市场机制的功能得到充分发挥，从而实现资源的优化配置。

2）使企业成为合格市场主体的必要条件。它给企业创造了一个良好的经营环境，有利于促进企业经营机制的转换。

3）市场机制发挥作用的基本前提。

4）实现有效的宏观间接调控的重要基础。

（4）完善专业市场现状的途径（见表 4—3）

表 4—3　　完善专业市场现状的途径

途径	说　明
发展和完善商品市场	1）建立主要由市场形成商品价格的机制，并通过完善重要商品的储备制度和风险基金，健全商品价格调节机制
	2）以批发市场为重点，积极发展现代流通组织形式，逐步完善配送中心、产需间的直达供货、代理制、连锁经营等
	3）培育农工商、产供销一体的大型商贸集团，充分发挥国有商业在市场竞争中的主渠道作用
培育和规范要素市场	1）大力发展包括货币市场和资本市场在内的金融市场，规范各种金融行为，维护金融市场秩序
	2）逐步形成劳动力市场，深化劳动体制改革，引导劳动力合理流动
	3）稳妥发展房地产市场，严格执行房地产交易的审批、监督和检查制度
	4）鼓励发展技术市场，加快科技成果转化为生产力的步伐，坚决打击和取缔各种假冒、剽窃等技术侵权行为，保护技术发明和革新的积极性
	5）加快信息市场的建设，促进信息的商品化、产业化，打破信息市场的行业分割和部门垄断
	6）积极推进企业产权市场的发育和完善，努力规范企业产权交易行为，以防止国有资产的流失和浪费
完善市场运行结构的配套措施	1）继续深化企业改革，建立现代企业制度，塑造合格的市场运行主体
	2）充分尊重和发挥市场机制在优化资源配置中的基础调节作用，无论是企业经营还是政府调控，都应自觉接受市场机制的调节和导向
	3）制定和完善市场规则，健全市场经济法律体系，为市场主体的经营行为及政府的调控和管理行为提供有效的法律依据
	4）加强市场监督管理，严格市场执法体系，保护合法经营，取缔非法经营，促进市场行为的规范化和市场体系的有序运行
	5）发展和规范各类市场中介组织，包括会计师事务所、律师事务所、公证和仲裁机构、商品检验认证机构、行业协会、商会等，充分发挥它们的服务、沟通、监督、协调方面的作用

第 2 节　专业市场的发展途径和国际化方向

1. 专业市场的发展途径

(1) 连锁经营和配送中心的组合形式

专业市场要充分利用自身优势，建立配送中心，发展连锁市场，积极导入新的流通业态，在实现市场功能创新方面进行有益的尝试。

1）专业市场建立配送中心、发展连锁经营的必要条件

①信息资源。建立配送中心、发展连锁经营需要市场掌握大量的市场信息资源，以便市场在货源、价格等方面占有先机。

②经营网络。专业市场建立配送中心、发展连锁经营，需要有区域性、乃至全国性的经营网络，以保证商品的及时输入和输出。因此，组建连锁市场，可以提高外地市场、外地经营业户的组织化程度，实现低成本扩张，提高资产经营效果。

③人才、资金和规模设施。建立配送中心、发展连锁经营，还需要有管理和技术的人才、大量的资金以及规模设施等方面的配合。

2）专业市场建立配送中心、发展连锁经营的方式选择

①主要形式。根据国内专业市场的实际情况，再考虑我国的经济发展水平以及城市化程度，专业市场建立配送中心、发展连锁经营可以选择下面两种形式：

a. 配送中心＋连锁分市场。在专业市场内建立配送中心，在全国各地发展连锁市场、配送分中心，配送中心承担货物采购和联托运的职能，通过与连锁市场的物流线到达配送分中心，然后再将货物分拨给市场经营业户或公司连锁店。

b. 配送中心＋连锁商场。如义乌小商品集团公司与全国 200 多家大型百货商场、超市公司订立购销合同，在义乌市场内统一采购商品，配送供应给连锁商场和连锁超市。

②其他形式。在发展的过程中，还可以根据专业市场的特点、优势，进一步发展连锁配送，其主要形式有：

第一，发展直营连锁，建设“超级市场”，实现专业市场的升级换代。在经济

发达、城市化程度较高的大中城市，建设连锁“超级市场”，重点组织有经济实力的各行业经营大业户，按超市形态进行交易。在市场中引入 POS 电脑结算系统，经营业户各自按质量控制标准分头进货、编码，共同配送，统一结算，实行采购、销售全过程服务质量管理，提高服务质量。在此基础上发展仓储式超市，在组织形态上，以市场集团公司为主体，建立经营业户参股的股份公司，网络共担、利益共享。

第二，以各地分市场、配送分中心为依托，发展经营网络。与当地大流通企业合作，建立超市公司，大部分商品由母市场配送供应。同时发展特许加盟店，向下延伸配送物流线，实现低成本扩张。

第三，以市场集团的外贸公司为主，发展国际市场。到国外建立商品展示中心和分拨中心，采取看样订货，发展批量交易，结合零售形式，实行现汇交易；组织国内商品出口创汇，开拓国际市场。

第四，工商联合拓展连锁经营网络。依托专业市场已经形成的连锁网络，与大中型工业企业联手，以总代理、总经销、买断经营等方式，在国内发展连锁店（柜台）、专卖店；或集中地方工业拳头产品，统一注册销售商标，统一销售店面形象设计，在全国实现连锁配送经营。

(2) 实现集中管理和分散经营的管理方式

由专业管理公司对专业市场进行管理，管理者对租赁、物业、营销和服务统一集中管理，保证保安、保洁、维修、进货和促销活动等日常工作有组织地运行，不参与经营；经营者则不参与管理，只负责经营活动，定期向所有者交纳租金，向管理者交纳管理金。

这种管理模式强调了社会分工的作用和技能的专业化，有利于发挥各自的优势，各司其职、分工明确、提高效率。所有者委托专业的社会化的商业管理机构对购物中心进行管理，综合负责购物中心的保安、保洁、空调运行、环境控制、设备维修、垃圾处理、园艺栽培、组织进货、交通和停车场管理，管理公共空间并组织开展公共活动，进行统一的广告策划等。

这种管理模式还能够对承租户进行有效控制。对承租户进行管理的依据是承租政策，这是开发商在综合平衡各种关系的基础上制订的，最基本的目标是承租户在商业上能够生存，有足够的回报，让整个购物中心最终能够获得效益，对于租户的管理包括承租户的类型、数量和布局。

首先是购物中心对承租户数量的管理。给予购物者多种商品选择往往导致同种承租户之间彼此竞争，这种矛盾需要通过管理来协调，确定同种承租户的适当数量需要根据购物中心的规模和购物者的需求，既要保证购物者的便利和足够的选择余地，又要避免不良竞争，保证整体销售最大化。其次是对承租户的管理还有对其布局的规划与控制。目的是保证专业市场人流的分布和流向，让所有的承租户能够从中受益；另外，承租户之间会有相互影响，这种影响可能是有利的，也可能是不利的，因此，对承租户布局的管理显得十分重要。

再次，专业市场管理者显然不直接进行零售业或服务业的经营，但是提供整体营销策划，其目的是吸引更多的购物者光顾，促使更多的购物者购买商品和消费；专业市场管理者对服务的管理主要是维护承租户的纪律、加强与承租户的合作，以及保持中心和周围环境的清洁，保证公共区域停车场的顺畅，负责购物中心的保安工作，进行营业员培训等；对物业的管理包括维护房屋、维修设备设施，保证水电供应及空调设备的正常运行和危机处理等。所有的这些管理的主要目的就是为承租户提供一个良好的经营环境，为购物者提供一个良好的购物环境，促进销售额的增加，提高承租户的收益，从而增加中心与管理者的收入，达到双赢的目的。

(3) 推出商品质量的统一标识

西方国家解决“柠檬市场”问题（假冒伪劣）主要是从解决买卖双方信息不对称问题入手的。对买方来说，主要是花费成本搜集拟选购商品的有关信息，如在二手轿车市场上，买方雇请专业技师验查汽车的质量；对卖方来说，除尽量提供一些文字性的信息（如在耐用消费品旧货市场上向买方出示维修记录）外，最常用的手段就是推出标识（signaling）。

专业市场管理者应该从整个市场的角度推出进场经营客体——产品的统一质量标识，尤其是对无品牌商品，应该严格控制此类商品的质量，保证价格与质量相符，杜绝假冒产品，从市场的角度维护消费者的权益，赢得消费者的信任。甚至可以由政府管理部门对专业市场中的产品分类推出统一的质量标识，作为各个专业市场通用的产品质量衡量准则，尽量减少买卖双方对产品信息认知的不对称。

有标识，没有相应的法律法规，也达不到预期的效果。现代的竞争已经由抢占市场份额转变为赢得消费者的忠诚度，市场基于长远利益的考虑，必然要维护其自身的形象。因此，为保证市场内商品的质量，对市场内仍然违规经营的业户，市场要有一定的处罚措施，相应的法律法规中也要有所规定，而且打击的力度要大，这样才能对违规经营产生一定的威慑作用，逐步减少直至杜绝专业市场中的假冒伪劣现象。

2. 大型专业市场的国际化方向

(1) 大型专业市场的国际化的含义

我国居民消费结构向着发展型、享受型升级，汽车、高档电器加速进入家庭，住房条件不断改善。消费结构升级推动产业结构升级，为我国经济进一步增长提供了新的动力。对于任何一个专业市场而言，只要做得好，就可以在国内拥有众多的商户，分流数亿人的消费群，进而就会辐射并吸引世界各国的商户和研发机构前来参与合作，再进一步就可发展成为世界的行业中心。如温州的打火机市场和绍兴的轻纺城等就已经发展成为世界意义上的重要行业中心。由此可见，我国大型专业市场的变革方向，必然会朝着“外向型专业市场”和“世界型专业市场（行业中心）”方向迈进。

大型专业市场国际化是指专业市场的经营活动超越国界，成为国际经济活动的一部分，从地区性、传统型、封闭型的纯国内专业市场发展成为国际性、创新性、开放性的商品流通中心的过程。近几年来，在中国经济国际化的背景下，义乌中国小商品城、绍兴中国轻纺城、江苏盛泽中国东方丝绸市场、广东西樵轻纺城等一些专业市场，积极培育、提升现代市场经营业态，努力拓展国际贸易空间，专业市场对外贸易不断发展，有些已经成为重要的国际性小商品采购和货源出口的基地之一。

目前，理论界对我国大型专业市场国际化问题的研究尚处于起步阶段。总体而言，大多数学者认为国际化是国内大型专业市场未来若干年的重要发展方向。众多大型批发市场的最新动态显示，土生土长的批发市场经过改造和提升，同样有资格进入现代化和国际化的新阶段。

(2) 大型专业市场国际化发展的要点

1）努力提高专业市场核心要素的供给能力。大型专业市场国际化核心要素包括商品资源、人力资源、基础设施资源和品牌资源等要素条件。所以，要重点加强国际化人才、国际化品牌等高等要素的培养和供给，从而使大型专业市场国际化经营具有较坚实的基础。

2）强化大型专业市场国际化的需求条件。大型专业市场内的生产企业、市场经营户和境外采购商的国际化需求，是大型专业市场国际化发展的动力源泉，这些需求的强弱直接决定了大型专业市场的国际化发展前景。

3）建立和完善大型专业市场国际化的相关和辅助产业。一要发展物流产业，能够适应国际化经营的需要；二要构建形式多样、服务高效、良好的外贸服务基础；三要大力发展国际会展业；四要不断完善外贸外语教育培训体系。

4）提高大型专业市场公司的国际竞争力。对于大型专业市场的经营管理者来说，要不断创新经营理念，实行国际化竞争战略。同时通过提高专业市场内部竞争度，来促进市场主体竞争能力的不断提高。

5）充分发挥政府作用。制定国际化导向的城市发展规划和商贸业发展战略，培养专业市场国际化的产业要素，营造国际化的环境，引导、鼓励市场主体（特别是中小企业），走出国门，闯荡国际市场。

3. 大型专业市场国际化发展阶段

专业市场国际化发展具有鲜明的特点，从义乌中国小商品城国际化发展过程来看，是一个伴随中国改革开放和自身国际竞争力提高，循序渐进的发展过程。它基本上沿着“立足本地→全国经营→内向国际化→最终实现外向国际化”的发展路径，实现从国内经营到国际化发展。根据这条发展路径，我国专业市场国际化一般可以分为三个发展阶段：

（1）第一阶段——偶然的、初级的国际化阶段

这一阶段从境外经营主体进场采购，到境外经营主体进场设摊采购，形成对外贸易交易平台为标志。其主要特点是：在市场交易系统方面，一些国外客商直接到专业市场采购商品市场经营户从原来的纯国内经营转变为偶然的、零星出口商品。在大型专业市场内设置专门的商位，一些外商入内设摊；在市场服务系统方面，为大型专业市场外经贸配套的服务设施逐步建立起来；在管理系统方面，大型专业市场经营管理者开始留意这种国际化经营的去向，把国际化作为一个重要的专业市场发展道路。

（2）第二阶段——积极的、内向国际化发展阶段

这一阶段从境外企业进场设摊销售产品阶段，构筑国际贸易交易平台，并形成国际商品市场网络和品牌优势为标志。经营模式以内向国际化为主，国内经营为辅。境外经营主体入场设摊经销外国商品，意味着专业市场从经营本国商品的对外贸易平台，转变成为经营全球商品的国际贸易平台，标志开始形成国际小商品流通中心，大型专业市场国际经程度大大提高。这一阶段的国际化的成功，积累国际化的经验，坚定了专业市场经营管理者国际化的信心。

（3）第三阶段——成熟的、外向国际化阶段

这一阶段以跨出国门，依托网络和品牌优势，经营专业市场为标志。经过第二阶段积极的国际化发展，大型专业市场已经逐步形成国际小商品关系网络和品牌优势。大型专业市场经营管理者开始凭借自身的商品关系网络和品牌优势，到国外投资，经营国际商品，成为专门投资、经营、管理各种类型专业市场的跨国公司。

4. 大型专业市场国际化的策略建议

(1) 大力发展电子商务和现代物流

电子商务作为一种现代信息交换系统，对传统有形市场的国际化非常重要，大力发展电子商务以进一步提高信息沟通效率，积极促进市场交易方式的国际化。与此同时，现代物流业也是我国大型专业市场国际化进程中不可缺少的。

(2) 以国际展会实现品牌国际化

国内大型专业市场的国际化发展进程，离不开一系列具有国际水平的专业会展。国际会展必须按照国际博览会联盟（UFI）标准，同时还应运用多种营销手段吸引更多的国内外客商和企业参展，以建立知名会展品牌。我国大型专业市场还可考虑与国际知名展览公司合作办展，利用其遍布全球的网络和良好声誉进行招展招商，以快速打开市场国际知名度。

(3) 强化市场经营主体的国际化意识

在我国的国际化进程中，强化市场经营主体的国际化意识至关重要。大型专业市场管理者要加强学习国际化经营所需的各种专业知识；要引进知名国际商家进入，提高境外客商的比重；积极鼓励市场经营主体向国际市场拓展，引导他们去境外投资、开拓全球市场。

(4) 政府推动市场经营环境国际化

在我国大型专业市场的发展进程中，政府对市场经营环境的国际化起重要作用。

相关链接

义乌中国小商品城国际化进程中的关键成功要素

1. 以小商品产业集聚为有力支撑

近 10 年来，在义乌中国小商品城的带动下，以义乌为中心的制造业产业集群发展迅速，形成了以义乌为中心、覆盖金丽衢、杭嘉湖绍和甬温台等地市，面积近 1 万平方千米的小商品产业带。该小商品产业带目前已集聚了34个行业，1 502个大类、32万种小商品的生产基地，为义乌国际小商品提供了强大的产业支撑。制造业与专业市场集群联动发展的良性机制，在义乌中国小商品城已经形成，通过“引进来、走出去”的发展方式，与国内外市场实现成功接轨，并积极参与了国际分工。与此同时，相关企业与政府携手加大对小商品研发、技术引进和开发等的投入，新产品新技术的研发和成果转化能力也不断提高。

2. 国际化进程中的政府导向作用

早在2000年，义乌市委市政府就提出了市场的国际化发展战略构想。近年来，义乌市政府不断加强服务意识和服务功能，积极推动义乌中国小商品城的国际化进程。具体体现在：

（1）设立计算机应用、商务英语、WTO和外贸知识等培训班，提高企业主管和经营户的国际化素质和能力。

（2）不断完善各项管理措施，打击违法行为，整顿市场秩序，为境外客商提供方便安全的环境。

（3）加强对外资企业生产经营过程的服务，发挥现有外资企业的“以外引外”作用。

（4）主动对外宣传义乌，以各种优惠措施吸引国内外客商来义乌。

（5）组织各类企业积极参加世界各地展会，扶持义乌企业和产品走出国门。

3. 现代服务业产业的大力支持

（1）与国际成功对接的物流运输网络。义乌中国小商品城的物流面积达600多亩，监管智能仓库近6万平方米。其中国际物流中心占地450亩，内设法国达飞、美国总统班船、联合（UPS）、联邦（Fedex）、敦豪（DHL）和TNT等全球性物流公司的办事处。义乌各物流企业的沿海公路托运线路，直接对接韩国釜山、日本横滨等国际贸易港。在阿联酋的迪拜、南美的里约热内卢和俄罗斯的纳霍德卡等国外港口或城市，都设立了分拨中心。

（2）多元、高效的外贸服务。近年来，各地外贸自营出口企业、外贸公司和外商，在义乌纷纷设立代理人、代理购货、代办外贸业务，形成了

一个全新的代理产业，使小商品城的外贸组织日趋多元化。金华海关义乌办事处的设立开业，极大增强了义乌“内陆港”功能，使外贸商品流通周期大幅缩短。退单周期从原先 1 星期缩短至 1～2 天，外贸交易从下单组货到完成办理出关仅需 20 天，远远快于国内通行的 2～3 个月。

(3) 初具规模的国际化配套设施。义乌自身已拥有了一定规模、质量优良、能满足多国外商需求的公共与城市生活基础设施。市区现拥有涉外三星级以上酒店 20 余家；服务韩国、中东等地商户的民族特色餐饮、娱乐场所齐全，并拥有浙江省最大的基督教堂；市场经营户和银行、酒店、出租车等行业从业人员大多掌握了简单的英语会话。初具规模的国际化配套设施，为义乌中国小商品城国际化发展战略的实施提供了有效保障。

(4) 日趋完善的电子商务。义乌中国小商品城已引入电子商务系统，并建立了网上中国小商品数字城的信息服务和交易平台功能，实现了有形市场和无形市场的相互促进和有机整合，带动相关产业的发展，并实现交易方式的国际化。2005 市场内经营户电脑拥有率达 40.84％，14.8％的经营户建立了网页，11.23％的经营户进行网上交易业务，10.9％的经营户建立了企业网站，以“上线约请，下线对接采购”方式实现成交额 1 亿多元。

4. 会展业对市场品牌国际形象的有效提升

自 1995 年以来，义乌已成功举办 12 届国际小商品博览会，博览会进场外商比重逐年提高，已形成专业性、国际性的会展品牌。2005 年，义博会实现成交额 80.98 亿元，其中外贸交易额 6.61 亿美元；参会境外客商 14 269 名，分别来自 158 个国家和地区，其中欧美客商占 40％以上；76 个境外商务采购团及家乐福、欧尚、联华、乐购等 15 家跨国零售采购集团参会采购。2005 年全年义乌国际小商品城共举办各类展会 28 个，其中境外展 5 个，有波兰—亚洲博览会、匈牙利国际消费品博览会、马六甲中国商品展销会等。会展业已成为小商品城引进名优新商品和先进技术，承揽国际订单，展示市场形象的重要途径。

5. 以义乌商城集团为龙头的多级网络

作为义乌中国小商品城的发展商，义乌商城集团股份有限公司为建立

多级商品流通网络发挥了重要作用，并为市场功能创新和国际化奠定良好的基础。商城集团以义乌小商品城为龙头，带动周边各类专业市场，逐步形成多级、多行业的市场网络。网络内各专业市场在资源上共同开发利用并有效整合，实现了网络共享，共生共荣。除了义乌当地的一级地方网络，在商城集团的组织和推动下，二级网络在全国乃至全球范围内逐步形成，截至2004年商城集团已在国内外开办和筹建分市场10多家。

思 考 题

1. 简述中国社会主义市场的发展过程。
2. 我国专业市场现状的基本评价是什么？
3. 我国专业市场现状存在哪些问题？
4. 简述完善专业市场现状的途径。
5. 专业市场发展的有效途径有哪些？

第5章 建立专业市场管理职能体系

第1节 专业市场管理的定义和工作内容

1. 市场管理的定义

市场管理是国家对社会商品交换与流通活动的行政管理。具体地说，市场管理是国家凭借政权的力量及其社会经济管理职能，运用经济、行政、法律和社会组织等手段，对商品交换与流通活动进行计划、组织、调控和监督活动，以实现国家调控经济和维护市场秩序的目的。

市场管理包括宏观调控和微观监督两个层次。

国家通过设立专门的市场监督管理机构，运用必要的行政手段和一定的法律手段及有关的社会监督机制，对进入市场的当事人及其交易活动与行为依法进行监督。市场监督管理是市场经济发展对国家经济行政管理职能的客观要求。工商行政管理机关是现行管理体制中主管市场的监督管理部门和行政执法机构。

2. 专业市场管理的定义

专业市场管理是指专业管理机构运用多种科学方法与管理技术，对进入专业市场的当事人及其交易活动与行为进行监督与服务，并对硬件设施、交易环境、清洁卫生、安全保卫等实施统一管理，改善和提升商业文化氛围，保证正常的交易秩序，促进专业市场的发展。

专业市场管理机构的主要职责是负责市场投资建设、制订招商计划及招商、布局规划、营业环境管理、消防管理、治安管理、销售信息管理、售后服务管理等。

专业市场最好由专业化的经营公司去运作，经营公司的规范化标准和运营队伍的素质水平，对专业市场的培育和发展起着至关重要的作用。专业市场管理机构要有强烈的服务意识，树立“商户是上帝”的服务理念，服务要全方位、深层次和人性化。服务的重点是如何通过有效的途径和手段，为商户提供更多更有效的信息资源，帮助商户拓展思路、扩大经营、提高效益和增强实力。

3. 专业市场管理工作职责（见表5—1）

表5—1　专业市场管理工作职责

不同领域	工作职责
专业市场管理公司	1）负责对商户的培训（如制定日常的管理制度和明确服务内容等）
	2）编写完整的内页资料（如商户的基本情况，商户的奖惩情况及动态跟踪登记，商户的转租情况等），负责经营综合管理费的收缴
	3）负责市场的日常管理，定期或不定期的联合检查
	4）处理商户之间的纠纷
	5）了解商户的经营状况，提供合理的经营建议
	6）调研周边商业单位和市场，留心市场动态，以便把握情况为公司及商户提供合理的经营建议
	7）负责优秀商户的评选并调动优秀商户参与公司活动
专业市场管理部门	1）对市场管理人员的服务工作进行监督规范，统一管理、统一考核
	2）对各商户及商品价格进行管理，避免出现漫天要价、欺诈消费者的现象
	3）对商铺所出售商品质量的购、销、调、存进行监督管理，确保交易信誉
	4）对所属部门及人员进行综合考评
	5）帮助商户开展业务工作，落实公司各项管理规章制度
	6）指导商户进行店面形象装修、商品陈列、店内促销等
	7）按合同条款规定及时向商户收缴租金、税金、物业管理费等
	8）掌握商户经营动态，及时补充商户资源
	9）检查考核各店铺价格管理、商品管理、品牌管理、店面管理、安全卫生、人员纪律、营销环境等
专业市场管理经理	1）组织编制公司年、季、月度市场管理工作计划，并监督实施
	2）组织经营情况的调查，综合商户的反馈意见，撰写调查报告，提交公司管理层
	3）组织下属人员做好对商户的管理工作
	4）制定本部门相关的管理制度并监督检查下属人员的执行情况

续表

不同领域	工作职责
专业市场管理经理	5）指导商户开展工作（包括进货、商品展示、销售促进等），组织对商户、消费者的售后服务工作，与其他部门协作以取得必要的管理支持
	6）负责市场的招商工作，负责市场商户租金、税金、物业管理等费用按时的足额收缴工作
	7）掌握市场商户品牌整合及经营状况、营销情况，提高经营绩效，了解市场内的商品质量、物价等信息
	8）及时发现并解决商户、业主、顾客中的各种矛盾，严格按照程序解决；负责及时妥善处理专业各类投诉及售后服务问题
	9）负责员工培训，使员工熟练掌握业务知识及简单的基础商业英语
	10）对突发性事件如停电、打架斗殴、被盗、火警等要迅速处理及汇报
	11）实行走动式管理，做到定时巡查，针对具体问题详细记录，并及时处理
专业市场主管	1）配合专业市场管理经理指导所辖管理人员完成本管理区域各阶段工作指标
	2）每天综合检查市场的工作，包括品牌、物价、质量、装潢、卫生、销售等，并以文字形式报告主管领导
	3）负责员工劳动纪律考勤管理，每天上班按程序开班前会
	4）对本区域商户的经营情况进行分析，掌握重点商户的经营情况
	5）带领区域管理人员进行市场经营业态及品种布局调整
	6）负责商户的日常管理并指导商户进行促销、商品展示
	7）负责审批区域商户上货布局及小范围内装修的监督工作
	8）随时向直接上级沟通汇报工作进展情况并完成上级领导其他的工作安排
	9）协助保安部，做好每天晚上下班后的清场工作，并做好检查记录
	10）每周写出考核简报，奖罚兑现
市场管理员	1）检查、督导、规范商户经营行为
	2）与商户真诚合作，帮助、指导商户销售商品
	3）掌握本管理区域商户的名称、地址、联系电话、联系人、经营情况
	4）与商户沟通谈判，引进商品，引导消费潮流
	5）掌握商户经营各类商品的成本价、出厂价、进价、售价
	6）组织商户安排换季、节假日、旺季销售的商品进货及促销活动
	7）严把商户进货质量关、商品价格关，对商品进行及时调整
	8）对商户商品的摆放、价签、POP展示及各种备品进行检查
	9）配合区域经理完成公司下达的培养各类人员的任务
	10）掌握本区域每一位商户的缴费情况，包括缴费日期、缴纳费用
	11）随时向直接上级沟通汇报工作进展情况并完成上级领导其他的工作安排

第2节 专业市场管理的原则和必然性、必要性

1. 专业市场管理的原则

(1) 法治原则

专业市场管理的法治原则，就是指在专业市场管理工作中树立和贯彻法治思想，在履行管理职责时，不仅要严格依照法律来衡量经营者及其行为，而且管理者自身的管理行为也必须严格依照法律来实施。应坚持以下两点：

第一，市场管理活动做到“有法可依，有法必依，执法必严，违法必究”。

第二，市场管理活动要通过建立管理制度明确机关和工作人员的责任，划分职责权限，建立内部激励、约束、监督、考核、奖惩等机制，做到各司其职，不渎职、不越权，无私无畏。

(2) 统一监督原则

统一监督是指国家市场管理机构对所有的市场活动，贯彻执行统一的市场管理政策、行政指令和法律规范。

(3) 公开、公平、公正原则

公开、公平、公正是相互关联，协调统一的市场管理原则。公开是公平、公正的基础和前提；公平是公开、公正的目的和结果；公正是公平、公开的关键和保障。所以，“三公”原则与专业市场管理关系密切，专业市场管理应从公正入手，努力保证公平和公开。

(4) 避免同质化竞争，营造特色化产品原则

对专业市场而言，交易产品的竞争优势主要来自三个方面——产品的价格、种类及其特色。产品价格越低、种类越多、特色越强，则专业市场的竞争力就越强。

专业市场上所呈现的一个特点就是同类产品竞争激烈。整个专业市场上除所处位置不同外，经营的产品大同小异。这就需要对经营的产品多加推敲，寻找市场上的空缺点，营造特色产品（包括产品本身和经营模式）。

(5) 挖掘市场潜力，建立市场知名度原则

专业市场与其他商业形态不同，所服务的对象比较单一，但客户范围比较广

泛。知名度是商铺投资的一个重要因素，知名度就是品牌的体现，对吸引客源具有相当大的作用。如果做到良性循环，就可以维持市场的旺盛。有的专业市场可能表面上效益较好，但实际投资回报率并不高，各专业市场的客户因产品而异，挖掘专业市场潜力很大程度上是特色产品经营结果的另一体现。

（6）重视市场培育，寻觅市场机会的原则

专业市场在管理模式上需具备“商品集散、财务结算、信息传播和形成价格”四大功能。因此，传统专业市场应走出千篇一律的“摊位制”模式，仅仅通过租金优惠不是市场培育的根本，而应该根据市场寻求准确的定位，开发新的市场机会，寻求专业市场管理良性的持续经营。为弥补传统专业市场在经营场地等方面的不足，广州部分新型专业市场开始利用现代信息网络技术，建立自己的信息平台，为市场内商家实现“有形市场”与“无形市场”的有机结合，大胆探索网络交易、仓单经营等新型“场外运作”交易方式，为商家提供增值服务。

（7）进行专业管理，实施综合服务原则

专业市场是以批发商品交易为主的固定场所，专业市场管理机构是依法组织商品的交易活动，对商品交易过程进行监督和管理的服务性经济组织。

专业化管理对专业市场的作用主要体现在三个方面：一是通过对交易区域的合理划分、对经营种类的限定，从而使市场经营的产品特色突出、布局合理，便于客户采购；二是通过对产品质量、售后服务等实施强制性要求措施，提高市场交易的可靠度；三是通过市场的宣传推广活动，扩大市场的影响，为经营者赢得更多商机。

随着专业市场的发展，单纯的交易功能已不能满足交易双方的需求。同时，专业市场数量的不断增加和规模的不断扩大，也使得专业市场间的竞争更加激烈。在此情况下，专业市场需要围绕交易这一核心功能，拓展更多的配套服务，以满足不断增加的客户需求，维持交易市场的竞争力。

专业市场的配套服务可包括如下的服务内容：信息服务，即为交易双方提供最新的产品价格信息、发展趋势等；会展服务，通过举办定期的及不定期的交易会、产品发布会等形式，扩大交易市场的影响，吸引更多的客户，从而扩大交易的规模；技术交易，即除了产品交易之外，还提供与之相关的技术方面的咨询服务及交易；除此之外，还有金融服务、物流服务、商务办公服务及酒店服务等。

2. 专业市场管理的必然性与必要性

（1）市场监督管理是国家职能的体现

国家从产生起就以社会经济的充分发展为基础干预经济活动。干预经济活动是国家的基本目的与职能。

在以经济建设为中心和大力发展商品经济、市场经济的当代中国，以社会管理为主导的国家职能应以社会经济管理为主导，而市场经济条件下的社会经济管理应以市场管理为核心。因此，市场监督管理是国家职能在当代中国社会经济条件下的直接体现。

（2）市场监督管理是确立和完善社会主义市场经济体制的客观要求

在改革过程中，市场运行（包括具体的市场交易行为、市场经营活动）难免出现问题，因此，加强市场管理尤为必要。

还应看到，市场经济体制的建设不仅是组织机构和组织制度的建设，而且是与市场经济体制运行相适应的市场文化的建设。从这个意义上看，建立并完善社会主义市场经济体制也是市场管理较为长期的目标和任务。

（3）市场监督管理是培育市场及市场体系的要求

市场经济条件下的市场不是单一的，而是由各类市场构成的市场体系。由于受传统的产品经济体制和观念等因素的影响，我国的市场体系发育起点和发育状况存在很大的不平衡。总体来说，消费品市场发育的状况最好，市场化程度最高；生产资料市场的发育程度次于消费品市场，但发育难度小于劳动力、金融等要素市场；困难最大的是生产要素市场的培育。由其特点所决定，生产要素市场的发育必须在国家的监控下逐步推进、逐步规范。这同样是市场管理的艰巨任务。

（4）市场监督管理是维护市场秩序的要求

任何一种经济形态都有其自身特有的运行结构与规则，也就是经济运行秩序。市场秩序对于市场经济的运行结构与规则是至关重要的。市场秩序的建立与维护需要市场管理，市场的宏观调控侧重在市场宏观秩序的建设与调整，市场微观监督则侧重于市场交易秩序的建立与维护。

市场监督管理是维护市场竞争秩序的需要。市场离不开竞争，竞争意向渗透于市场经济活动的方方面面，更内含于市场交易行为之中。因而，规范市场竞争行为，从而建立和维护市场竞争秩序，成为各个市场经济国家监督市场秩序的核心。国家通过立法来健全完善竞争法制，通过法律程序和行政力量设立权威性的行政执法和监督机构，从管理体制、管理手段等方面保证国家对市场竞争行为的监督管理，切实维护市场交易秩序。

查处市场违法行为是维护市场秩序的必要手段，也是市场监督管理的重要内容。市场经济是利益经济，在利益的诱惑与驱动下，总有故意或非故意地通过违法手段与途径获取经济利益的市场违法行为。所以，必须及时查处和取缔各种违法行为，净化市场环境。我国商品经济的历史不长，经济基础尤其是商品经济文化基础还很薄弱，查处市场上各种违法行为的任务仍很艰巨和繁重，这不仅是维护市场秩序的需要，而且是教育违法者和广大群众，增强商品经济观念和法制观念，培育社会主义市场文化基础的需要。

第3节　专业市场管理职能体系和体制

1. 专业市场管理职能体系

(1) 专业市场管理职能的概念

国家工商行政管理局是国务院主管市场监督管理和行政执法的职能部门。可见，通过监督市场来组织和维护市场秩序是工商行政管理机关的基本职能，即专业市场监督管理的基本职能是监督职能。

(2) 专业市场管理职能的构成

1）规范职能。规范是指给市场行为立规矩、定标准，使之有章可循。有了规范，经营者的行为就有了依据，从而有利于形成良好的市场秩序。规范职能是市场监督管理的起点，也是市场监督管理的基础，是对市场的事前监督管理。制定切合实际、科学合理、积极稳妥的法律规范体系，使经营者进入市场前就受到引导和教育，减少和避免违法现象的发生，这是更积极的市场监督方式之一。

2）监督职能。监督是指对市场进行监视、监测，以便随时了解市场动态情况，从而对那些实施不符合规范行为的市场主体进行规劝、引导、指示、警告等，督促其采取改进措施，及时纠正偏差。市场实施监督职能的任务有三：一是随时了解市场动态情况；二是对有违规倾向者和轻微违规者责令改正；三是将超出轻微违规范围者通报或移交给下一个监督管理环节进行处理。

3）执法职能。执法是指追究违法者法律责任的过程，是对超出监督职能纠正范围的市场违法行为依法处罚的过程，是规范职能和监督职能的保证。

市场监督管理的上述三种职能具有极其密切的关联性。规范职能是市场监督管理的基础，监督职能是市场监督管理的窗口，执法职能是市场监督管理的拳头，它们共同构成市场监督管理完整、有效的职能体系。

2. 专业市场管理体制

（1）专业市场管理体制的概念

“体制”的内容应包括：设置组织机构的原则，依原则设置的组织机构及其层次和体系，组织机构的权限职责划分，组织机构运行的制度。体制大致可分运行体制和管理体制。前者就客体的运行系统而言，后者就主体对客体的管理活动而言。两者存在着密切的联系，运行体制受制于管理体制，甚至可以说是管理体制的组成部分。

市场管理体制属于国家经济行政管理体制的范畴，它是按市场经济的要求和国家经济管理体制改革的方向所设置和构成的市场管理机构、组织制度、管理制度的总称，包括市场管理机构体系及其法律地位，相互之间、上下级之间的职责权限划分，管理手段和管理方式等。

（2）专业市场管理体制的构成

这里所称的专业市场管理体制是指微观监督层的市场管理体系和制度。市场监督管理机构以履行对市场进行规范、监督、查处为主要任务，一般都是行政执法机关。在我国，这些机构分两类：一类是市场管理专门机关，即工商行政管理机关；一类是市场管理专业机关，如技术监督机关、物价管理机关、海关、卫生防疫部门、税务稽查机关等。

（3）专业市场管理的基本制度

研究市场管理体制应当包括制度范畴。这里的制度，即市场管理制度，是指置于相应的市场管理体制之下的，或者说，是构成市场管理体制的基本要素。市场管理体制是市场管理效果的保障，而市场管理制度是市场管理体制的基础和实体。市场管理制度建设状况，反映市场管理体制的完备与否和成熟水平；同时，它也是市场管理活动独立性、科学性、完备性的根本标志。

市场管理必须建立起一系列的管理制度，包括宏观的和微观的。宏观上，正如已经建立和正在建立或完善中的物资储备制度、价格调控制度、国家订货制度等，统称为“市场调控制度”，这些有待于进一步健全完善，以期真正有效地发挥调控作用，增强调控能力。微观上，包括市场监测制度、专营专卖制度、价格监审制度、明码标价制度、反暴利制度、举报制度等。

3. 专业市场管理的其他组织

市场经济要求市场管理呈多层次、多元化的体系，要求分解传统的政府职能，由完全直接管理逐渐转化为间接管理，将更多的市场管理职能逐层分给社会组织和个人，由它们分担部分管理职责或配合政府机关管理市场。

非官方的社会组织主要是工商业的行业协会、消费者协会、市场中介组织、新闻媒介、企业或经营者自身和广大消费者个人。它们从各自的特点、宗旨出发，与政府职能机构一起构成政府行政管理、行业规划指导、企业制度化约束、舆论工具和消费者社会化监督的市场监督机制。这在市场经济条件下，既是必要的，也是有效的。

目前，我国市场中介组织、舆论工具和消费者在市场监督管理活动中发挥着越来越重要的作用。

思　考　题

1. 什么是专业市场管理？专业市场管理各机构的工作职责是什么？
2. 简述专业市场管理的原则。
3. 简述专业市场管理的必然性和必要性。
4. 简述专业市场管理职能的概念和构成。
5. 简述专业市场管理体制的概念和构成。

第6章

商品市场和生产要素市场管理

第1节 商品市场管理

1. 消费品市场概述

(1) 消费品市场的概念和分类

消费品是直接满足人们衣、食、住、行、用等物质文化生活消费需要的最终产品。消费品市场是消费品买卖的场所，是就消费品的生产、消费、交换、流通所形成的经济关系和管理关系的总和。

我国的消费品市场，按流通范围可分为地方市场、国内市场和国际市场；按地理环境可分为城镇市场和农村市场；按交易内容可分为工业消费品市场、农产品市场、服务市场和文化市场；按消费品用途可分为生存消费品市场、发展消费品市场和享受消费品市场；按消费者对商品选择和商品的价值可分为便利品市场、选购品市场和特殊品市场等。

(2) 消费品市场的特点

1）消费品市场广阔分散。凡是有人群的地方，就有消费品的需求。

2）消费需求的差异性大。由于消费者所处环境和自然条件的不同，不仅有民族、宗教信仰、地区之分，而且有性别、年龄、职业、经济收入、文化程度等差别，致使消费品市场结构复杂、层次多。又因消费者的购买力、兴趣爱好、消费习惯各不相同，从而形成消费品市场的多样性。

3）消费品一次性购买量较少，购买频次高。

4）消费品购买流动性大。因人们的购买力都有一定的限度，因而对所需商品的购买有很强的选择意向，以寻求最大的购买经济效用；现代交通工具和通信条件为在更大范围内实现购买选择创造了有利条件，势必造成购买力在不同地区商品之间的流动。

5）消费品市场变化多端。

2. 工业消费品市场管理

(1) 工业消费品市场主体管理

从事工业消费品生产、加工、经销的企业和个体工商业者以及终端个体消费者共同构成工业消费品市场主体。为维护市场经营秩序，国家有必要对工业消费品的生产经营者进行依法审查，凡符合法定条件的，由工商行政管理机关核发营业执照后，才能开展经营活动。

工业消费品市场主体管理的重点主要集中在以下两个方面：

1）要根据国家有关产业政策的规定和要求，支持发展具有新技术、新功能、新设计、节省资源、市场短缺、人民生活急需的项目和产品；限制发展浪费资源的高耗能、高耗粮、高耗汇、技术落后、制式陈旧、质量低劣、项目重复、滞销积压的项目和产品；坚决制止不符合产业政策、不利于提高宏观经济效益的项目上马。

2）要审查企业的技术、经营和管理水平。具有较高设计水平和技术含量高是现代化市场工业消费品的重要特征。技术和质量是产品的生命，管理是效益的保证，必须严格审查工业消费品生产经营的技术级别、技术设备、经营管理素质等条件，才能保证产品质量和社会经济效益的提高。

(2) 工业消费品市场客体管理

工业消费品市场客体即管理对象，主要包括对产品价格和产品质量的管理。

1）工业消费品价格管理

①对实行国家定价和指导价的商品，严格依法监督，严格执行提价申报制度。

②对实行市场调节的产品，侧重间接调控。具体做好市场信息指导和货物集散，对大宗商品和重点商品向消费者及经营者提供参考价格、价格动态，必要时采取公布临时最高限价等措施。

③各类工业消费品统一使用国家规定的价签，一律实行明码标价。价签内容包括：品名、货号、规格等级、计量单位、零售价、批零差率等，以利监督管理。

④严格查处假冒伪劣产品的价格违法行为，削价处理品必须公开其身份，与正

常商品价格严格相区别。

2）工业消费品质量管理。应加强对工业消费品市场产品的质量管理，防止假冒伪劣产品进入市场，加强工业消费品商标的管理，以维护正常的市场秩序，保护生产者和消费者的权益。

(3) 工业消费品经营行为监督管理

为了规范市场经营行为，提高市场营运效率，我国在这方面所进行的有效管理主要包括以下几个方面：

1）保护正当、合法、合理的经营行为，允许经营者从事工业消费品的批发、零售、贩运、代购、代销、拍卖等各种经营形式。

2）除国家法律、法规和国务院规定归口审批外，国家放宽对工业消费品经营范围的核定，对一般从事综合性经营、跨行业经营的，则由工商部门直接按行业大、中、小类型进行核定。

3）国家严禁扰乱市场秩序、损害消费者利益的垄断行为和不正当竞争行为。

3. 农产品市场管理

(1) 农产品市场的宏观政策

农产品市场在改善人民生活质量、提高人民生活水平方面发挥着十分重要的作用。为保持农产品市场的长期稳定与繁荣，国家必须加强对农产品市场的宏观管理，这是对农产品市场实行有效监督的前提条件，主要应做到以下几点：

1）制定科学的农业政策，保证农产品的有效供给。

2）建立农产品风险调节基金和农产品储备制度，实现国家对市场的有效调控。

3）完善农产品市场组织，健全农产品市场体系。

(2) 农产品市场管理的内容

1）重要农产品的监督管理。重要农产品，是指少数关系国计民生的重要的人民生活必需品、工业原料、出口物资和需要保护的资源，主要有粮食、棉花、烟草、蚕茧、紧压茶、绵羊毛、松脂、部分中药材等。对于这部分农产品应实行双向政策，一方面进一步深化和完善市场化流通机制，另一方面，在市场化基础上，提高社会化服务水平，加强行政规范化管理。

组建规范化的农产品批发市场，政府要界定批发市场的性质、业务范围和交易制度与规则，并吸引国有企业参与批发市场交易活动，在利用经济手段，按照市场规则参与经济活动过程中实现调控职能。同时，要有计划地组建商品交易所。

2）农产品集贸市场监督管理。集贸市场是农产品流通的重要渠道，对集贸市场的管理是农产品市场管理的重要方面。农产品集贸市场监督管理的内容包括以下几方面：

第一，加强批发市场管理。主要包括：注重市场设施建设，为农产品的运输、储存、保鲜提供必要的条件；加强信息网络建设，利用通信、电信工具和传媒沟通信息，引导商品流向和平抑市场价格；建立健全交易规则，做到公平交易；禁止垄断和不正当竞争行为；加强计量和质量管理，查处违法行为。

第二，加强集贸市场网点管理。主要包括：监督检查市场经营者法律资格；监督商品客体，限制或禁止未完成国家计划合同的品种以及国家禁止交易的品种上市交易；监督计量行为，禁止使用非法计量器具和杜绝缺斤少两的不正当计量行为；监督商品质量，查处掺杂使假、以次充好的欺骗消费者的行为；提高集贸市场信誉，通过实行证照公开、摊位编号、明码标价、随附信用卡、美化环境、文明经商等制度，提高商品和服务质量。

4. 生产资料市场管理

(1) 生产资料市场的概念

生产资料，是指人们在生产过程中所使用的劳动资料和劳动对象的总称。根据其在生产过程中的作用，可分为：自然资源类，如土地、森林、河流、矿藏等；原料类，一般指初级产品，如矿石、原木、原油、棉花、蚕茧等；材料类，一般指半成品，如钢材、木材、棉纱、建材等；机器设备类，如各种机床、动力装置、生产线、生产建筑物等；燃料动力类，如石油、天然气、煤炭、电力等；运输工具类，如火车、汽车、船舶、运输管道等；零部件和辅助材料类，如机械车辆配件、电子元器件、催化剂、润滑油（剂）、油漆等。在我国，生产资料市场概念中所使用的生产资料不包括自然资源。

生产资料在生产过程中的流通是通过商品交换形式在市场上实现的。生产资料市场，是指生产资料商品交换的场所；是指在一定时间、空间内生产资料商品交换关系的总和。生产资料需求的最终目的是为了满足人们的生活消费需求，由于生产资料大多是中间产品，生产资料市场也可称为中间产品市场。

(2) 生产资料市场管理的内容

1）市场主体管理。从事生产资料经营的单位和个人，必须到工商行政管理机关办理登记注册，取得营业执照，按照核准的经营范围从事经营活动。经营品种属于国家限制经营的，应当办理相应的审批手续；需要从事一次性生产资料经营的，应当向登记注册机关申请一次性经营许可。

从事生产资料经纪业务的，必须按《经纪人管理办法》要求取得经纪资格，在核准范围内从事经营活动。

2）市场客体管理。进行交易的生产资料必须是合格品，符合《中华人民共和国产品质量法》等法律法规的规定。指令性计划产品、国家统一收购的产品等国家限制流通的产品，须按相应规定进行交易。

生产企业的超储积压物资、闲置设备以及以物抵债物资，需要国家有关部门批准的，取得批准后方可上市销售。

走私物资、救灾物资、按规定应作报废处理或明令淘汰的产品，禁止进行交易。

3）交易方式管理。生产资料交易除即时清结外，交易双方应签订书面合同，本着自愿原则可到工商行政管理机关办理鉴证手续，或到公证机关进行公证。未经核准，不得从事生产资料期货交易。

4）计量、价格管理。生产资料经营者应当配备和使用符合国家法定计量要求的计量器具，接受计量管理部门的检测。

国家对生产资料的价格有限制性规定的，执行国家规定；国家有指令性价格的，必须执行指令性价格。

5）市场行为监管。从事生产资料经营必须严格遵守《中华人民共和国产品质量法》《中华人民共和国商标法》《中华人民共和国广告法》《中华人民共和国反不正当竞争法》《中华人民共和国合同法》《中华人民共和国消费者权益保护法》《中华人民共和国公司法》等法律法规，禁止从事欺诈、不正当竞争、侵权、贿赂等扰乱和破坏市场秩序的行为。

6）集中交易市场管理。开办集中交易的生产资料有形市场，必须依据有关商品交易市场登记管理的规定办理市场登记。市场开办者有责任健全市场内部管理制度，维护场内经营秩序，教育、督促场内经营者守法经营。市场开办者本身应严格遵守国家法律对生产资料交易活动的规定。

工商行政管理机关有权对生产资料市场进行监督检查。

第 2 节　生产要素市场管理

1. 金融市场管理

(1) 金融市场的概念和分类

金融为资金融通的简称，金融市场是资金融通的场所或机制，是以金融商品买卖和借贷活动为主要内容的融资场所或融资机制。

依据不同标准可以将金融市场进行以下分类：

1）按交易对象划分，有货币市场、资本市场、外汇市场、黄金市场等。

2）按融资期限划分，有短期金融市场和长期金融市场。

3）按交易方式划分，有现货市场、期货市场、期权市场。

4）按市场辐射范围划分，有区域金融市场、全国金融市场和国际金融市场。

5）按市场形态划分，有有形市场和无形市场。

其中，根据交易对象不同形成的金融市场体系如图 6—1 所示。

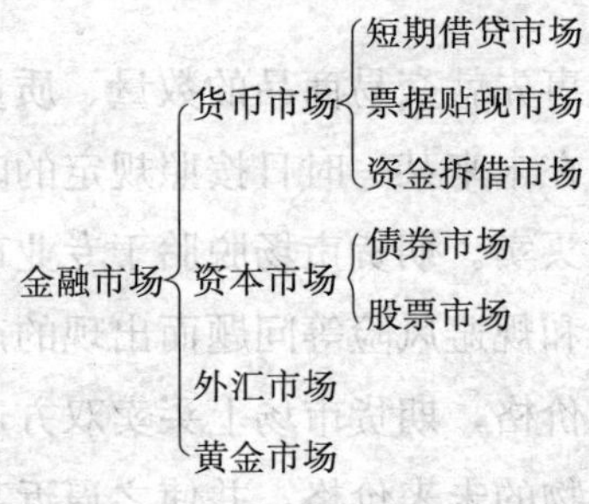

图 6—1　金融市场体系示意图

(2) 金融机构的设置

我国的金融机构体系包括中央银行、各类商业银行和非银行金融机构等。中央银行即中国人民银行，是负责领导和管理全国金融事业的国家机关。商业银行和非银行金融机构则是具体从事资金融通活动并实行独立核算的经济实体，是经营金融商品的特殊企业，属于独立的市场经营主体。因此，对金融机构的监督管理主要是对商业银行和非银行金融机构的监督管理。

我国金融机构的设置总体上是坚持以银行为主、多种金融机构并存的原则。

(3) 货币市场管理

货币市场主要是通过短期银行贷款合同、国库券、票据贴现等形式进行的短期资金融通。资金拆借是货币市场的重要融资行为，我国金融法律法规对从事拆借行为的主体资格、拆借方式、拆借期限、拆借利率、拆出资金的来源、拆入资金的用途等均作了专门规定。

(4) 资本市场管理

1）债券市场管理。债券有政府债券、金融债券和企业债券，其区别主要是发行主体不同。债券市场还可分为发行市场（一级市场）和交易市场（二级市场）。债券交易市场分上市交易和柜台交易。

债券的发行受严格的管理，包括发行主体的资格、发行的条件、发行程序、发行规模、发行利率、所筹资金的使用等，必须严格依法进行。

2）股票市场管理。股票市场分为发行市场（一级市场）和交易市场（二级市场），股票发行又分为公开发行和内部发行。股票交易分为上市交易和柜台交易，都必须经国家证券管理机关批准，并在规定的证券交易机构和证券交易场所进行，严禁非法的场外交易。

股票交易市场的管理包括：对证券交易所的管理；对证券商（包括证券自营商和经纪商）的管理；对证券交易行为的管理。

(5) 期货市场管理

期货市场是指买卖双方事先就交易商品的数量、质量等级、交割日期、交易价格、交割地点等达成协议，在未来某一时日按照规定的时间和方法，在特定的交易所内进行商品标准期货合约买卖。期货市场脱胎于专业市场，是因专业市场的现货交易范畴难以解决平缓物价和规避风险等问题而出现的产物。期货市场具有两项特殊功能：一是能够发现未来价格，期货市场上买卖双方通过公平、公开、公正的竞争，不断更新期货交易标的物的未来价格，并使之逼近某一均衡水平，从而为未来现货价格的确定提供充分信息；二是规避风险，在期货市场上，期货标的物的持有者或使用者买进或卖出与其所持有标的物数量相当，但交易方向相反的期货合约，这样可以抵偿因现货市场价格变动而带来的实际价格风险。期货交易通过其价格发现功能和规避风险功能，可以起到稳定市场和促进经济发展的积极作用。有一利必有一弊，期货交易由于可以不取得持有交易标的物为目的，交易者还可从期货交易的市场价格波动中获利，因此也为投机者提供了广泛的投机活动空间。

专业市场和期货市场的区别详见第 2 章。

为了规范期货交易行为，加强对期货交易的监督管理，维护期货市场秩序，防范风险，保护期货交易各方的合法权益和社会公共利益，促进期货市场积极稳妥发展，我国于 2007 年 4 月 15 日起开始施行《期货交易管理条例》。

2. 劳动力市场管理

(1) 劳动力市场的概念

劳动力市场是社会劳动力流动与资源配置的基本方式，是劳动力供求关系及其市场活动的总和。劳动力市场的基本内容是：通过市场机制促进劳动力资源的充分开发和合理流动，调节劳动力供求关系，提高劳动力资源配置效益。

(2) 劳动力市场管理的内容

劳动力市场管理是指对劳动力市场的微观运行实施的管理。劳动力市场管理的对象，是劳动力市场主体即用人单位和劳动者及其形成的劳动关系。

招聘录用、劳动合同、劳动时间、工资津贴标准与支付、劳动保护和劳动保险、外来劳动力等是劳动力市场管理的重要环节和领域。

3. 技术市场管理

(1) 技术商品的概念和分类

技术具有商品的价值和使用价值，技术的开发者和应用者亦即技术的供方和需方，都是相对独立的商品生产者，技术必须通过市场交换来加强科技与生产的联系，因此科学技术也就成为商品了。

技术可以分为：以文件、图表、磁带、软盘等信息化载体承载的资料型技术；以技术指导、技术诊断、技术咨询、技术培训和技术测试、安装、调试等行为体现出来的劳务型技术；蕴含先进技术的工具、材料、设备、产品等物质型技术。

(2) 技术市场的结构类型

技术商品的交易总是在一定的时空范围内，以一定的组织形式、流通渠道、交往关系及其表现形态进行的。由于技术商品的信息化、交易主体的多元化、交易形式的多样化等特点，使得我国目前的技术市场呈现出多种结构类型。

1）从表现形态上看，可以分为有形市场和无形市场。

2）按经营机构的设置，可以分为常设性技术市场和临时性技术市场。

3）按产业部门不同划分，可以分为不同的技术专业类型。

(3) 技术市场管理的内容

“放开、搞活、扶植、引导”是我国技术市场的发展方针，也是技术市场管理应遵循的原则。

从动态角度看，技术市场的管理是一个可以分为三个环节的控制系统：

第一环节是技术成果的科学鉴定与技术所有权的社会性认可，科学技术委员会的成果管理部门、专利局、公证处和工商行政管理机关的商标管理部门承担主要管理职能。

第二环节是技术商品所有权转移和使用权让渡的社会性认可，工商行政管理机构、科学技术委员会有关管理部门和公证机构是直接管理者。

第三环节是技术供求关系、履约行为的管理，直接管理并承担调解、仲裁工作的是仲裁机构和人民法院。

4. 房地产市场管理

(1) 房地产市场的构成与分类

房地产市场，是房产市场和地产市场的总称。它既是房地产交易的场所和流通的空间形式，又是房地产交易双方经济关系的总和，它与房地产业是紧密联系的，是在房地产业的基础上形成的。房地产市场主要指以下两个方面：

1）房地产开发市场。我国的房地产开发，是指在依法取得国有土地使用权的土地上进行基础设施、房屋建设的行为。通常所讲的房地产开发是一种综合性开发。房地产开发的结果是房地产物业，它构成房地产交易市场的客体。

2）房地产交易市场。房地产交易市场的交易活动包括房地产转让、房地产抵押和房屋租赁。具体分为房地产转让市场、房地产抵押市场、房屋租赁市场。

在我国，房地产市场有以下三个层次：

一级房地产市场，是国家将土地使用权纵向让渡给土地开发企业和土地使用者。它又可以分为两种：一是以土地使用权纵向出让为内容的土地批租市场；二是以土地使用权纵向出让为内容的土地租赁市场。目前，我国土地出让的形式主要有协议、招标、拍卖三种方式。

二级房地产市场，是开发企业在合同规定的土地批租期内，将已开发好的土地即建筑地段使用权，按批租合同规定的用途和其他使用要求，有偿转让或转租给土地使用者，也可以直接兴建商品用房出售或出租。这是二级土地市场，也可称为土地（或房地产）开发市场。

三级房地产市场，是土地使用者之间将自己的土地使用权，在原来的批租或租赁合同规定的期限内，按照合同的要求或在补办批租、租赁手续以后横向再转让、转租或抵押。

(2) 房地产市场管理的内容

《中华人民共和国房地产管理法》规定："国务院建设行政主管部门、土地管理部门依照国务院规定的职权划分，各司其职，密切配合，管理全国房地产工作。"其他有关部门配合建设行政主管部门和土地管理部门，对房地产市场实行参与或监督管理。房地产市场管理主要包括：城镇土地使用权的出让、转让、出租、抵押的管理；房地产开发市场的管理；房地产交易市场的管理，包括房屋买卖市场的管理、房屋调换市场的管理、房屋租赁市场的管理、房地产抵押市场的管理、房地产市场的价格管理等。

思 考 题

1. 消费品市场的特点是什么？工业消费品市场管理的重点是什么？
2. 农产品市场管理的要求有哪些？
3. 论述生产资料市场管理的内容。

第7章 相关法律法规

第1节 《中华人民共和国治安管理处罚法》常识

《中华人民共和国治安管理处罚法》包括总则、处罚的种类和适用、违反治安管理的行为和处罚、处罚程序、执法监督、附则，共六章，自2006年3月1日起施行。该法为加强社会治安管理提供了有力的法律武器，为打击和惩治危害社会治安的违法行为提供了法律准绳。

1.《中华人民共和国治安管理处罚法》总则

维护社会治安秩序，保障公共安全，保护公民、法人和其他组织的合法权益，规范和保障公安机关及其人民警察依法履行治安管理职责。

扰乱公共秩序，妨害公共安全，侵犯人身权利、财产权利，妨害社会管理，具有社会危害性，依照《中华人民共和国刑法》的规定构成犯罪的，依法追究刑事责任；尚不够刑事处罚的，由公安机关依照本法给予治安管理处罚。

治安管理处罚的程序，适用治安管理处罚法的规定；没有规定的，适用《中华人民共和国行政处罚法》的有关规定。

治安管理处罚必须以事实为依据，实施治安管理处罚，应当公开、公正，尊重和保障人权，保护公民的人格尊严。办理治安案件应当坚持教育与处罚相结合的原则，化解社会矛盾，增进社会和谐，维护社会稳定。

违反治安管理的行为对他人造成损害的，行为人或者其监护人应当依法承担民事责任。

对于因民间纠纷引起的打架斗殴或者损毁他人财物等违反治安管理行为，情节较轻的，公安机关可以调解处理。经公安机关调解，当事人达成协议的，不予处罚。经调解未达成协议或者达成协议后不履行的，公安机关应当依照本法的规定对违反治安管理行为人给予处罚，并告知当事人可以就民事争议依法向人民法院提起民事诉讼。

2. 治安管理处罚的种类和适用范围

（1）治安管理处罚的种类分为：

1）警告；

2）罚款；

3）行政拘留；

4）吊销公安机关发放的许可证。

（2）办理治安案件所查获的毒品、淫秽物品等违禁品，赌具、赌资，吸食、注射毒品的用具以及直接用于实施违反治安管理行为的本人所有的工具，应当收缴，按照规定处理。

违反治安管理所得的财物，追缴退还被侵害人；没有被侵害人的，登记造册，公开拍卖或者按照国家有关规定处理，所得款项上缴国库。

（3）已满十四周岁不满十八周岁的人违反治安管理的，从轻或者减轻处罚；不满十四周岁的人违反治安管理的，不予处罚，但是应当责令其监护人严加管教。

（4）精神病人在不能辨认或者不能控制自己行为的时候违反治安管理的，不予处罚，但是应当责令其监护人严加看管和治疗。间歇性的精神病人在精神正常的时候违反治安管理的，应当给予处罚。

（5）盲人或者又聋又哑的人违反治安管理的，可以从轻、减轻或者不予处罚。

（6）醉酒的人违反治安管理的，应当给予处罚。醉酒的人在醉酒状态中，对本人有危险或者对他人的人身、财产或者公共安全有威胁的，应当对其采取保护性措施约束至酒醒。

（7）有两种以上违反治安管理行为的，分别决定，合并执行。行政拘留处罚合并执行的，最长不超过二十日。

(8) 共同违反治安管理的，根据违反治安管理行为人在违反治安管理行为中所起的作用，分别处罚。

教唆、胁迫、诱骗他人违反治安管理的，按照其教唆、胁迫、诱骗的行为处罚。

(9) 单位违反治安管理的，对其直接负责的主管人员和其他直接责任人员依照本法的规定处罚。其他法律、行政法规对同一行为规定给予单位处罚的，依照其规定处罚。

(10) 违反治安管理有下列情形之一的，减轻处罚或者不予处罚：

1) 情节特别轻微的；

2) 主动消除或者减轻违法后果，并取得被侵害人谅解的；

3) 出于他人胁迫或者诱骗的；

4) 主动投案，向公安机关如实陈述自己的违法行为的；

5) 有立功表现的。

(11) 违反治安管理有下列情形之一的，从重处罚：

1) 有较严重后果的；

2) 教唆、胁迫、诱骗他人违反治安管理的；

3) 对报案人、控告人、举报人、证人打击报复的；

4) 六个月内曾受过治安管理处罚的。

(12) 违反治安管理行为人有下列情形之一，依照《中华人民共和国治安管理处罚法》应当给予行政拘留处罚的，不执行行政拘留处罚：

1) 已满十四周岁不满十六周岁的；

2) 已满十六周岁不满十八周岁，初次违反治安管理的；

3) 七十周岁以上的；

4) 怀孕或者哺乳自己不满一周岁婴儿的。

(13) 违反治安管理行为在六个月内没有被公安机关发现的，不再处罚。

前款规定的期限，从违反治安管理行为发生之日起计算；违反治安管理行为有连续或者继续状态的，从行为终了之日起计算。

3. 扰乱公共秩序的行为和处罚

(1) 有下列行为之一的，处警告或者二百元以下罚款；情节较重的，处五日以上十日以下拘留，可以并处五百元以下罚款：

1）扰乱机关、团体、企业、事业单位秩序，致使工作、生产、营业、医疗、教学、科研不能正常进行，尚未造成严重损失的；

2）扰乱车站、港口、码头、机场、商场、公园、展览馆或者其他公共场所秩序的；

3）扰乱公共汽车、电车、火车、船舶、航空器或者其他公共交通工具上的秩序的；

4）非法拦截或者强登、扒乘机动车、船舶、航空器以及其他交通工具，影响交通工具正常行驶的；

5）破坏依法进行的选举秩序的。

聚众实施前款行为的，对首要分子处十日以上十五日以下拘留，可以并处一千元以下罚款。

（2）有下列行为之一的，处五日以上十日以下拘留，可以并处五百元以下罚款；情节较轻的，处五日以下拘留或者五百元以下罚款：

1）散布谣言，谎报险情、疫情、警情或者以其他方法故意扰乱公共秩序的；

2）投放虚假的爆炸性、毒害性、放射性、腐蚀性物质或者传染病病原体等危险物质扰乱公共秩序的；

3）扬言实施放火、爆炸、投放危险物质扰乱公共秩序的。

（3）有下列行为之一的，处五日以上十日以下拘留，可以并处五百元以下罚款；情节较重的，处十日以上十五日以下拘留，可以并处一千元以下罚款：

1）结伙斗殴的；

2）追逐、拦截他人的；

3）强拿硬要或者任意损毁、占用公私财物的；

4）其他寻衅滋事行为。

（4）有下列行为之一的，处十日以上十五日以下拘留，可以并处一千元以下罚款；情节较轻的，处五日以上十日以下拘留，可以并处五百元以下罚款：

1）组织、教唆、胁迫、诱骗、煽动他人从事邪教、会道门活动或者利用邪教、会道门、迷信活动，扰乱社会秩序、损害他人身体健康的；

2）冒用宗教、气功名义进行扰乱社会秩序、损害他人身体健康活动的。

（5）违反国家规定，故意干扰无线电业务正常进行的，或者对正常运行的无线电台（站）产生有害干扰，经有关主管部门指出后，拒不采取有效措施消除的，处五日以上十日以下拘留；情节严重的，处十日以上十五日以下拘留。

（6）有下列行为之一的，处五日以下拘留；情节较重的，处五日以上十日以下拘留：

1）违反国家规定，侵入计算机信息系统，造成危害的；

2）违反国家规定，对计算机信息系统功能进行删除、修改、增加、干扰，造成计算机信息系统不能正常运行的；

3）违反国家规定，对计算机信息系统中存储、处理、传输的数据和应用程序进行删除、修改、增加的；

4）故意制作、传播计算机病毒等破坏性程序，影响计算机信息系统正常运行的。

4. 妨害公共安全的行为和处罚

（1）违反国家规定，制造、买卖、储存、运输、邮寄、携带、使用、提供、处置爆炸性、毒害性、放射性、腐蚀性物质或者传染病病原体等危险物质的，处十日以上十五日以下拘留；情节较轻的，处五日以上十日以下拘留。

（2）爆炸性、毒害性、放射性、腐蚀性物质或者传染病病原体等危险物质被盗、被抢或者丢失，未按规定报告的，处五日以下拘留；故意隐瞒不报的，处五日以上十日以下拘留。

（3）非法携带枪支、弹药或者弩、匕首等国家规定的管制器具的，处五日以下拘留，可以并处五百元以下罚款；情节较轻的，处警告或者二百元以下罚款。

非法携带枪支、弹药或者弩、匕首等国家规定的管制器具进入公共场所或者公共交通工具的，处五日以上十日以下拘留，可以并处五百元以下罚款。

（4）有下列行为之一的，处十日以上十五日以下拘留：

1）盗窃、损毁油气管道设施、电力电信设施、广播电视设施、水利防汛工程设施或者水文监测、测量、气象测报、环境监测、地质监测、地震监测等公共设施的；

2）移动、损毁国家边境的界碑、界桩以及其他边境标志、边境设施或者领土、领海标志设施的；

3）非法进行影响国（边）界线走向的活动或者修建有碍国（边）境管理的设施的。

（5）有下列行为之一的，处五日以下拘留或者五百元以下罚款；情节严重的，处五日以上十日以下拘留，可以并处五百元以下罚款：

1）未经批准，安装、使用电网的，或者安装、使用电网不符合安全规定的；

2）在车辆、行人通行的地方施工，对沟井坎穴不设覆盖物、防围和警示标志的，或者故意损毁、移动覆盖物、防围和警示标志的；

3）盗窃、损毁路面井盖、照明等公共设施的。

（6）旅馆、饭店、影剧院、娱乐场、运动场、展览馆或者其他供社会公众活动的场所的经营管理人员，违反安全规定，致使该场所有发生安全事故危险，经公安机关责令改正，拒不改正的，处五日以下拘留。

5. 侵犯人身权利、财产权利的行为和处罚

（1）有下列行为之一的，处十日以上十五日以下拘留，并处五百元以上一千元以下罚款；情节较轻的，处五日以上十日以下拘留，并处二百元以上五百元以下罚款：

1）组织、胁迫、诱骗不满十六周岁的人或者残疾人进行恐怖、残忍表演的；

2）以暴力、威胁或者其他手段强迫他人劳动的；

3）非法限制他人人身自由、非法侵入他人住宅或者非法搜查他人身体的。

（2）胁迫、诱骗或者利用他人乞讨的，处十日以上十五日以下拘留，可以并处一千元以下罚款。

反复纠缠、强行讨要或者以其他滋扰他人的方式乞讨的，处五日以下拘留或者警告。

（3）有下列行为之一的，处五日以下拘留或者五百元以下罚款；情节较重的，处五日以上十日以下拘留，可以并处五百元以下罚款：

1）写恐吓信或者以其他方法威胁他人人身安全的；

2）公然侮辱他人或者捏造事实诽谤他人的；

3）捏造事实诬告陷害他人，企图使他人受到刑事追究或者受到治安管理处罚的；

4）对证人及其近亲属进行威胁、侮辱、殴打或者打击报复的；

5）多次发送淫秽、侮辱、恐吓或者其他信息，干扰他人正常生活的；

6）偷窥、偷拍、窃听、散布他人隐私的。

（4）殴打他人的，或者故意伤害他人身体的，处五日以上十日以下拘留，并处二百元以上五百元以下罚款；情节较轻的，处五日以下拘留或者五百元以下罚款。

有下列情形之一的，处十日以上十五日以下拘留，并处五百元以上一千元以下罚款：

1）结伙殴打、伤害他人的；

2）殴打、伤害残疾人、孕妇、不满十四周岁的人或者六十周岁以上的人的；

3）多次殴打、伤害他人或者一次殴打、伤害多人的。

（5）猥亵他人的，或者在公共场所故意裸露身体，情节恶劣的，处五日以上十日以下拘留；猥亵智力残疾人、精神病人、不满十四周岁的人或者有其他严重情节的，处十日以上十五日以下拘留。

（6）强买强卖商品，强迫他人提供服务或者强迫他人接受服务的，处五日以上十日以下拘留，并处二百元以上五百元以下罚款；情节较轻的，处五日以下拘留或者五百元以下罚款。

（7）煽动民族仇恨、民族歧视，或者在出版物、计算机信息网络中刊载民族歧视、侮辱内容的，处十日以上十五日以下拘留，可以并处一千元以下罚款。

（8）冒领、隐匿、毁弃、私自开拆或者非法检查他人邮件的，处五日以下拘留或者五百元以下罚款。

（9）盗窃、诈骗、哄抢、抢夺、敲诈勒索或者故意损毁公私财物的，处五日以上十日以下拘留，可以并处五百元以下罚款；情节较重的，处十日以上十五日以下拘留，可以并处一千元以下罚款。

6. 妨害社会管理的行为和处罚

（1）有下列行为之一的，处警告或者二百元以下罚款；情节严重的，处五日以上十日以下拘留，可以并处五百元以下罚款：

1）拒不执行人民政府在紧急状态情况下依法发布的决定、命令的；

2）阻碍国家机关工作人员依法执行职务的；

3）阻碍执行紧急任务的消防车、救护车、工程抢险车、警车等车辆通行的；

4）强行冲闯公安机关设置的警戒带、警戒区的。

阻碍人民警察依法执行职务的，从重处罚。

（2）冒充国家机关工作人员或者以其他虚假身份招摇撞骗的，处五日以上十日以下拘留，可以并处五百元以下罚款；情节较轻的，处五日以下拘留或者五百元以下罚款。

冒充军警人员招摇撞骗的，从重处罚。

（3）有下列行为之一的，处十日以上十五日以下拘留，可以并处一千元以下罚款；情节较轻的，处五日以上十日以下拘留，可以并处五百元以下罚款：

1）伪造、变造或者买卖国家机关、人民团体、企业、事业单位或者其他组织的公文、证件、证明文件、印章的；

2）买卖或者使用伪造、变造的国家机关、人民团体、企业、事业单位或者其他组织的公文、证件、证明文件的；

3）伪造、变造、倒卖车票、船票、航空客票、文艺演出票、体育比赛入场券或者其他有价票证、凭证的；

4）伪造、变造船舶户牌，买卖或者使用伪造、变造的船舶户牌，或者涂改船舶发动机号码的。

（4）有下列行为之一的，处十日以上十五日以下拘留，并处五百元以上一千元以下罚款；情节较轻的，处五日以下拘留或者五百元以下罚款：

1）违反国家规定，未经注册登记，以社会团体名义进行活动，被取缔后，仍进行活动的；

2）被依法撤销登记的社会团体，仍以社会团体名义进行活动的；

3）未经许可，擅自经营按照国家规定需要由公安机关许可的行业的。

有前款第三项行为的，予以取缔。

取得公安机关许可的经营者，违反国家有关管理规定，情节严重的，公安机关可以吊销许可证。

（5）煽动、策划非法集会、游行、示威，不听劝阻的，处十日以上十五日以下拘留。

（6）违反关于社会生活噪声污染防治的法律规定，制造噪声干扰他人正常生活的，处警告；警告后不改正的，处二百元以上五百元以下罚款。

（7）有下列行为之一的，处五百元以上一千元以下罚款；情节严重的，处五日以上十日以下拘留，并处五百元以上一千元以下罚款：

1）典当业工作人员承接典当的物品，不查验有关证明、不履行登记手续，或者明知是违法犯罪嫌疑人、赃物，不向公安机关报告的；

2）违反国家规定，收购铁路、油田、供电、电信、矿山、水利、测量和城市公用设施等废旧专用器材的；

3）收购公安机关通报寻查的赃物或者有赃物嫌疑的物品的；

4）收购国家禁止收购的其他物品的。

（8）有下列行为之一的，处五日以上十日以下拘留，并处二百元以上五百元以下罚款：

1）隐藏、转移、变卖或者损毁行政执法机关依法扣押、查封、冻结的财物的；

2）伪造、隐匿、毁灭证据或者提供虚假证言、谎报案情，影响行政执法机关依法办案的；

3）明知是赃物而窝藏、转移或者代为销售的；

4）被依法执行管制、剥夺政治权利或者在缓刑、保外就医等监外执行中的罪犯或者被依法采取刑事强制措施的人，有违反法律、行政法规和国务院公安部门有关监督管理规定的行为。

（9）有下列行为之一的，处五百元以上一千元以下罚款；情节严重的，处十日以上十五日以下拘留，并处五百元以上一千元以下罚款：

1）偷开他人机动车的；

2）未取得驾驶证驾驶或者偷开他人航空器、机动船舶的。

（10）制作、运输、复制、出售、出租淫秽的书刊、图片、影片、音像制品等淫秽物品或者利用计算机信息网络、电话以及其他通信工具传播淫秽信息的，处十日以上十五日以下拘留，可以并处三千元以下罚款；情节较轻的，处五日以下拘留或者五百元以下罚款。

（11）有下列行为之一的，处十日以上十五日以下拘留，并处五百元以上一千元以下罚款：

1）组织播放淫秽音像的；

2）组织或者进行淫秽表演的；

3）参与聚众淫乱活动的。

明知他人从事前款活动，为其提供条件的，依照前款的规定处罚。

（12）以营利为目的，为赌博提供条件的，或者参与赌博赌资较大的，处五日以下拘留或者五百元以下罚款；情节严重的，处十日以上十五日以下拘留，并处五百元以上三千元以下罚款。

（13）有下列行为之一的，处十日以上十五日以下拘留，可以并处三千元以下罚款；情节较轻的，处五日以下拘留或者五百元以下罚款：

1）非法种植罂粟不满五百株或者其他少量毒品原植物的；

2）非法买卖、运输、携带、持有少量未经灭活的罂粟等毒品原植物种子或者幼苗的；

3）非法运输、买卖、储存、使用少量罂粟壳的。

有前款第一项行为，在成熟前自行铲除的，不予处罚。

（14）有下列行为之一的，处十日以上十五日以下拘留，可以并处二千元以下罚款；情节较轻的，处五日以下拘留或者五百元以下罚款：

1）非法持有鸦片不满二百克、海洛因或者甲基苯丙胺不满十克或者其他少量毒品的；

2）向他人提供毒品的；

3）吸食、注射毒品的；

4）胁迫、欺骗医务人员开具麻醉药品、精神药品的。

（15）教唆、引诱、欺骗他人吸食、注射毒品的，处十日以上十五日以下拘留，并处五百元以上二千元以下罚款。

（16）旅馆业、饮食服务业、文化娱乐业、出租汽车业等单位的人员，在公安机关查处吸毒、赌博、卖淫、嫖娼活动时，为违法犯罪行为人通风报信的，处十日以上十五日以下拘留。

（17）饲养动物，干扰他人正常生活的，处警告；警告后不改正的，或者放任动物恐吓他人的，处二百元以上五百元以下罚款。

7. 处罚程序

（1）公安机关受理报案、控告、举报、投案后，认为属于违反治安管理行为的，应当立即进行调查；认为不属于违反治安管理行为的，应当告知报案人、控告人、举报人、投案人，并说明理由。

（2）公安机关及其人民警察对治安案件的调查，应当依法进行。严禁刑讯逼供或者采用威胁、引诱、欺骗等非法手段收集证据。

以非法手段收集的证据不得作为处罚的根据。

（3）公安机关及其人民警察在办理治安案件时，对涉及的国家秘密、商业秘密或者个人隐私，应当予以保密。

（4）人民警察在办理治安案件过程中，遇有下列情形之一的，应当回避；违反治安管理行为人、被侵害人或者其法定代理人也有权要求他们回避：

1）是本案当事人或者当事人的近亲属的；

2）本人或者其近亲属与本案有利害关系的；

3）与本案当事人有其他关系，可能影响案件公正处理的。

人民警察的回避，由其所属的公安机关决定；公安机关负责人的回避，由上一级公安机关决定。

（5）需要传唤违反治安管理行为人接受调查的，经公安机关办案部门负责人批准，使用传唤证传唤。对现场发现的违反治安管理行为人，人民警察经出示工作证件，可以口头传唤，但应当在询问笔录中注明。

（6）公安机关应当将传唤的原因和依据告知被传唤人。对无正当理由不接受传唤或者逃避传唤的人，可以强制传唤。

（7）对违反治安管理行为人，公安机关传唤后应当及时询问查证，询问查证的时间不得超过八小时；情况复杂，依照本法规定可能适用行政拘留处罚的，询问查证的时间不得超过二十四小时。

公安机关应当及时将传唤的原因和处所通知被传唤人家属。

（8）询问笔录应当交被询问人核对；对没有阅读能力的，应当向其宣读。记载有遗漏或者差错的，被询问人可以提出补充或者更正。被询问人确认笔录无误后，应当签名或者盖章，询问的人民警察也应当在笔录上签名。

被询问人要求就被询问事项自行提供书面材料的，应当准许；必要时，人民警察也可以要求被询问人自行书写。

询问不满十六周岁的违反治安管理行为人，应当通知其父母或者其他监护人到场。

（9）人民警察询问被侵害人或者其他证人，可以到其所在单位或者住处进行；必要时，也可以通知其到公安机关提供证言。

人民警察在公安机关以外询问被侵害人或者其他证人，应当出示工作证件。

询问被侵害人或者其他证人，同时适用以上（8）的规定。

（10）询问聋哑的违反治安管理行为人、被侵害人或者其他证人，应当有通晓手语的人提供帮助，并在笔录上注明。

询问不通晓当地通用的语言文字的违反治安管理行为人、被侵害人或者其他证人，应当配备翻译人员，并在笔录上注明。

（11）公安机关对与违反治安管理行为有关的场所、物品、人身可以进行检查。检查时，人民警察不得少于二人，并应当出示工作证件和县级以上人民政府公安机关开具的检查证明文件。对确有必要立即进行检查的，人民警察经出示工作证件，可以当场检查，但检查公民住所应当出示县级以上人民政府公安机关开具的检查证明文件。

检查妇女的身体，应当由女性工作人员进行。

（12）检查的情况应当制作检查笔录，由检查人、被检查人和见证人签名或者盖章；被检查人拒绝签名的，人民警察应当在笔录上注明。

（13）公安机关办理治安案件，对与案件有关的需要作为证据的物品，可以扣押；对被侵害人或者善意第三人合法占有的财产，不得扣押，应当予以登记。对与案件无关的物品，不得扣押。

对扣押的物品，应当会同在场见证人和被扣押物品持有人查点清楚，当场开列清单一式二份，由调查人员、见证人和持有人签名或者盖章，一份交给持有人，另一份附卷备查。

对扣押的物品，应当妥善保管，不得挪作他用；对不宜长期保存的物品，按照有关规定处理。经查明与案件无关的，应当及时退还；经核实属于他人合法财产的，应当登记后立即退还；满六个月无人对该财产主张权利或者无法查清权利人的，应当公开拍卖或者按照国家有关规定处理，所得款项上缴国库。

(14) 为了查明案情，需要解决案件中有争议的专门性问题的，应当指派或者聘请具有专门知识的人员进行鉴定；鉴定人鉴定后，应当写出鉴定意见，并且签名。

(15) 治安管理处罚由县级以上人民政府公安机关决定；其中警告、五百元以下的罚款可以由公安派出所决定。

(16) 对决定给予行政拘留处罚的人，在处罚前已经采取强制措施限制人身自由的时间，应当折抵。限制人身自由一日，折抵行政拘留一日。

(17) 公安机关查处治安案件，对没有本人陈述，但其他证据能够证明案件事实的，可以作出治安管理处罚决定。但是，只有本人陈述，没有其他证据证明的，不能作出治安管理处罚决定。

(18) 公安机关作出治安管理处罚决定前，应当告知违反治安管理行为人作出治安管理处罚的事实、理由及依据，并告知违反治安管理行为人依法享有的权利。

(19) 违反治安管理行为人有权陈述和申辩。公安机关必须充分听取违反治安管理行为人的意见，对违反治安管理行为人提出的事实、理由和证据，应当进行复核；违反治安管理行为人提出的事实、理由或者证据成立的，公安机关应当采纳。

公安机关不得因违反治安管理行为人的陈述、申辩而加重处罚。

(20) 治安案件调查结束后，公安机关应当根据不同情况，分别作出以下处理：

1) 确有依法应当给予治安管理处罚的违法行为的，根据情节轻重及具体情况，作出处罚决定；

2) 依法不予处罚的，或者违法事实不能成立的，作出不予处罚决定；

3) 违法行为已涉嫌犯罪的，移送主管机关依法追究刑事责任；

4) 发现违反治安管理行为人有其他违法行为的，在对违反治安管理行为作出处罚决定的同时，通知有关行政主管部门处理。

(21) 公安机关作出治安管理处罚决定的，应当制作治安管理处罚决定书。决定书应当载明下列内容：

1) 被处罚人的姓名、性别、年龄、身份证件的名称和号码、住址；

2) 违法事实和证据；

3) 处罚的种类和依据；

4）处罚的执行方式和期限；

5）对处罚决定不服，申请行政复议、提起行政诉讼的途径和期限；

6）作出处罚决定的公安机关的名称和作出决定的日期。

决定书应当由作出处罚决定的公安机关加盖印章。

（22）公安机关应当向被处罚人宣告治安管理处罚决定书，并当场交付被处罚人；无法当场向被处罚人宣告的，应当在二日内送达被处罚人。决定给予行政拘留处罚的，应当及时通知被处罚人的家属。

有被侵害人的，公安机关应当将决定书副本抄送被侵害人。

（23）公安机关作出吊销许可证以及处二千元以上罚款的治安管理处罚决定前，应当告知违反治安管理行为人有权要求举行听证；违反治安管理行为人要求听证的，公安机关应当及时依法举行听证。

（24）公安机关办理治安案件的期限，自受理之日起不得超过三十日；案情重大、复杂的，经上一级公安机关批准，可以延长三十日。

为了查明案情进行鉴定的期间，不计入办理治安案件的期限。

（25）违反治安管理行为事实清楚，证据确凿，处警告或者二百元以下罚款的，可以当场作出治安管理处罚决定。

（26）当场作出治安管理处罚决定的，人民警察应当向违反治安管理行为人出示工作证件，并填写处罚决定书。处罚决定书应当当场交付被处罚人；有被侵害人的，并将决定书副本抄送被侵害人。

前款规定的处罚决定书，应当载明被处罚人的姓名、违法行为、处罚依据、罚款数额、时间、地点以及公安机关名称，并由经办的人民警察签名或者盖章。

当场作出治安管理处罚决定的，经办的人民警察应当在二十四小时内报所属公安机关备案。

（27）被处罚人对治安管理处罚决定不服的，可以依法申请行政复议或者提起行政诉讼。

（28）对被决定给予行政拘留处罚的人，由作出决定的公安机关送达拘留所执行。

（29）受到罚款处罚的人应当自收到处罚决定书之日起十五日内，到指定的银行缴纳罚款。但是，有下列情形之一的，人民警察可以当场收缴罚款：

1）被处五十元以下罚款，被处罚人对罚款无异议的；

2）在边远、水上、交通不便地区，公安机关及其人民警察依照本法的规定作出罚款决定后，被处罚人向指定的银行缴纳罚款确有困难，经被处罚人提出的；

3）被处罚人在当地没有固定住所，不当场收缴事后难以执行的。

（30）人民警察当场收缴的罚款，应当自收缴罚款之日起二日内，交至所属的公安机关；在水上、旅客列车上当场收缴的罚款，应当自抵岸或者到站之日起二日内，交至所属的公安机关；公安机关应当自收到罚款之日起二日内将罚款缴付指定的银行。

（31）人民警察当场收缴罚款的，应当向被处罚人出具省、自治区、直辖市人民政府财政部门统一制发的罚款收据；不出具统一制发的罚款收据的，被处罚人有权拒绝缴纳罚款。

被处罚人不服行政拘留处罚决定，申请行政复议、提起行政诉讼的，可以向公安机关提出暂缓执行行政拘留的申请。公安机关认为暂缓执行行政拘留不致发生社会危险的，由被处罚人或者其近亲属提出符合下列规定条件的担保人，或者按每日行政拘留二百元的标准交纳保证金，行政拘留的处罚决定暂缓执行。

担保人应当符合下列条件：

1）与本案无牵连；

2）享有政治权利，人身自由未受到限制；

3）在当地有常住户口和固定住所；

4）有能力履行担保义务。

（32）担保人应当保证被担保人不逃避行政拘留处罚的执行。

担保人不履行担保义务，致使被担保人逃避行政拘留处罚的执行的，由公安机关对其处三千元以下罚款。

（33）被决定给予行政拘留处罚的人交纳保证金，暂缓行政拘留后，逃避行政拘留处罚的执行的，保证金予以没收并上缴国库，已经作出的行政拘留决定仍应执行。

（34）行政拘留的处罚决定被撤销，或者行政拘留处罚开始执行的，公安机关收取的保证金应当及时退还交纳人。

8. 执法监督

（1）公安机关及其人民警察应当依法、公正、严格、高效办理治安案件，文明执法，不得徇私舞弊。

（2）公安机关及其人民警察办理治安案件，禁止对违反治安管理行为人打骂、虐待或者侮辱。

（3）公安机关及其人民警察办理治安案件，应当自觉接受社会和公民的监督。

公安机关及其人民警察办理治安案件，不严格执法或者有违法违纪行为的，任何单位和个人都有权向公安机关或者人民检察院、行政监察机关检举、控告；收到检举、控告的机关，应当依据职责及时处理。

（4）公安机关依法实施罚款处罚，应当依照有关法律、行政法规的规定，实行罚款决定与罚款收缴分离；收缴的罚款应当全部上缴国库。

（5）人民警察办理治安案件，有下列行为之一的，依法给予行政处分；构成犯罪的，依法追究刑事责任：

1）刑讯逼供、体罚、虐待、侮辱他人的；

2）超过询问查证的时间限制人身自由的；

3）不执行罚款决定与罚款收缴分离制度或者不按规定将罚没的财物上缴国库或者依法处理的；

4）私分、侵占、挪用、故意损毁收缴、扣押的财物的；

5）违反规定使用或者不及时返还被侵害人财物的；

6）违反规定不及时退还保证金的；

7）利用职务上的便利收受他人财物或者谋取其他利益的；

8）当场收缴罚款不出具罚款收据或者不如实填写罚款数额的；

9）接到要求制止违反治安管理行为的报警后，不及时出警的；

10）在查处违反治安管理活动时，为违法犯罪行为人通风报信的；

11）有徇私舞弊、滥用职权，不依法履行法定职责的其他情形的。

办理治安案件的公安机关有前款所列行为的，对直接负责的主管人员和其他直接责任人员给予相应的行政处分。

公安机关及其人民警察违法行使职权，侵犯公民、法人和其他组织合法权益的，应当赔礼道歉；造成损害的，应当依法承担赔偿责任。

第 2 节 《中华人民共和国消防法》常识

《中华人民共和国消防法》包括总则、火灾预防、消防组织、灭火救援、监督检查、法律责任、附则，共七章，2008 年 10 月 28 日第十一届全国人民代表大会常务委员会第五次会议修订。

1.《中华人民共和国消防法》立法的意义和目的

《中华人民共和国消防法》立法的目的是为了预防火灾和减少火灾危害，加强应急救援工作，保护人身、财产安全，维护公共安全。消防工作贯彻预防为主、防消结合的方针，按照政府统一领导、部门依法监管、单位全面负责、公民积极参与的原则，实行消防安全责任制，建立健全社会化的消防工作网络。

《中华人民共和国消防法》规定全国消防工作由国务院领导，地方各级人民政府负责本行政区域内的消防工作。国务院公安部门对全国的消防工作实施监督管理。县级以上地方人民政府公安机关对本行政区域内的消防工作实施监督管理，并由本级人民政府公安机关消防机构负责实施。任何单位和个人都有维护消防安全、保护消防设施、预防火灾、报告火警的义务。任何单位和成年人都有参加组织的灭火工作的义务。

2.《中华人民共和国消防法》对机关、团体、企业、事业单位的消防安全职责的规定

《中华人民共和国消防法》第十六条规定，机关、团体、企业、事业单位应当履行下列消防安全职责：

（1）落实消防安全责任制，制定本单位的消防安全制度、消防安全操作规程，制定灭火和应急疏散预案；

（2）按照国家标准、行业标准配置消防设施、器材，设置消防安全标志，并定期组织检验、维修，确保完好有效；

（3）对建筑消防设施每年至少进行一次全面检测，确保完好有效，检测记录应当完整准确，存档备查；

（4）保障疏散通道、安全出口、消防车通道畅通，保证防火防烟分区、防火间距符合消防技术标准；

（5）组织防火检查，及时消除火灾隐患；

（6）组织进行有针对性的消防演练；

（7）法律、法规规定的其他消防安全职责。

单位的主要负责人是本单位的消防安全责任人。

3.《中华人民共和国消防法》对消防安全重点单位的要求

《中华人民共和国消防法》第十七条明确规定：消防安全重点单位除应当履行

本法第十六条规定的职责外，还应当履行下列消防安全职责：

（1）确定消防安全管理人，组织实施本单位的消防安全管理工作；

（2）建立防火档案，确定消防安全重点部位，设置防火标志，实行严格管理；

（3）实行每日防火巡查，并建立巡查记录；

（4）对职工进行岗前消防安全培训，定期组织消防安全培训和消防演习。

4.《中华人民共和国消防法》对违章用火的规定

近年来，全国城市一些商场、建筑工地等单位发生的重特大火灾都是由违章用火引起的，对此《中华人民共和国消防法》第二十一条对此有明文规定：禁止在具有火灾、爆炸危险的场所吸烟、使用明火。因施工等特殊情况需要使用明火作业的，应当按照规定事先办理审批手续，采取相应的消防安全措施；作业人员应当遵守消防安全规定。进行电焊、气焊等具有火灾危险作业的人员和自动消防系统的操作人员，必须持证上岗，并遵守消防安全操作规程。

5.《中华人民共和国消防法》对消防组织建设的规定

《中华人民共和国消防法》第三十五条规定：各级人民政府应当加强消防组织建设，根据经济和社会发展的需要，建立多种形式的消防组织，加强消防技术人才培养，增强火灾预防、扑救和应急救援的能力。

6.《中华人民共和国消防法》对消防机构现场扑救火灾的规定

《中华人民共和国消防法》第四十五条规定：公安机关消防机构统一组织和指挥火灾现场扑救，应当优先保障遇险人员的生命安全。火灾现场总指挥根据扑救火灾的需要，有权决定下列事项：

（1）使用各种水源；

（2）截断电力、可燃气体和可燃液体的输送，限制用火用电；

（3）划定警戒区，实行局部交通管制；

（4）利用临近建筑物和有关设施；

（5）为了抢救人员和重要物资，防止火势蔓延，拆除或者破损毗邻火灾现场的建筑物、构筑物或者设施等；

（6）调动供水、供电、供气、通信、医疗救护、交通运输、环境保护等有关单位协助灭火救援。

根据扑救火灾的紧急需要，有关地方人民政府应当组织人员、调集所需物资支援灭火。

7.《中华人民共和国消防法》对法律责任的规定

《中华人民共和国消防法》第六章为对法律责任的规定，其中第五十九条规定：违反本法规定，有下列行为之一的，责令改正或者停止施工，并处一万元以上十万元以下罚款：

（1）建设单位要求建筑设计单位或者建筑施工企业降低消防技术标准设计、施工的；

（2）建筑设计单位不按照消防技术标准强制性要求进行消防设计的；

（3）建筑施工企业不按照消防设计文件和消防技术标准施工，降低消防施工质量的；

（4）工程监理单位与建设单位或者建筑施工企业串通，弄虚作假，降低消防施工质量的。

第六十条规定：单位违反本法规定，有下列行为之一的，责令改正，处五千元以上五万元以下罚款：

（1）消防设施、器材或者消防安全标志的配置、设置不符合国家标准、行业标准，或者未保持完好有效的；

（2）损坏、挪用或者擅自拆除、停用消防设施、器材的；

（3）占用、堵塞、封闭疏散通道、安全出口或者有其他妨碍安全疏散行为的；

（4）埋压、圈占、遮挡消火栓或者占用防火间距的；

（5）占用、堵塞、封闭消防车通道，妨碍消防车通行的；

（6）人员密集场所在门窗上设置影响逃生和灭火救援的障碍物的；

（7）对火灾隐患经公安机关消防机构通知后不及时采取措施消除的。

8.《中华人民共和国消防法》对消防产品、电器产品、燃气用具以及易燃易爆危险品等方面的规定

第六十五条规定：违反本法规定，生产、销售不合格的消防产品或者国家明令淘汰的消防产品的，由产品质量监督部门或者工商行政管理部门依照《中华人民共和国产品质量法》的规定从重处罚。

人员密集场所使用不合格的消防产品或者国家明令淘汰的消防产品的，责令限期改正；逾期不改正的，处五千元以上五万元以下罚款，并对其直接负责的主管人员和其他直接责任人员处五百元以上二千元以下罚款；情节严重的，责令停产

停业。

公安机关消防机构对于本条第二款规定的情形，除依法对使用者予以处罚外，应当将发现不合格的消防产品和国家明令淘汰的消防产品的情况通报产品质量监督部门、工商行政管理部门。产品质量监督部门、工商行政管理部门应当对生产者、销售者依法及时查处。

第六十六条规定：电器产品、燃气用具的安装、使用及其线路、管路的设计、敷设、维护保养、检测不符合消防技术标准和管理规定的，责令限期改正；逾期不改正的，责令停止使用，可以并处一千元以上五千元以下罚款。

第 3 节 《中华人民共和国劳动合同法》常识

《中华人民共和国劳动合同法》包括总则、劳动合同的订立、劳动合同的履行和变更、劳动合同的解除和终止、特别规定、监督检查、法律责任和附则，共八章，自 2008 年 1 月 1 日起施行。

1.《中华人民共和国劳动合同法》总则

《中华人民共和国劳动合同法》是为了完善劳动合同制度，明确劳动合同双方当事人的权利和义务，保护劳动者的合法权益，构建和发展和谐稳定的劳动关系而制定的法律。

中华人民共和国境内的企业、个体经济组织、民办非企业单位等组织（以下称用人单位）与劳动者建立劳动关系，订立、履行、变更、解除或者终止劳动合同，必须遵守劳动合同法。国家机关、事业单位、社会团体和与其建立劳动关系的劳动者，订立、履行、变更、解除或者终止劳动合同，也要依照劳动合同法执行。

用人单位与劳动者订立劳动合同，应当遵循合法、公平、平等自愿、协商一致、诚实信用的原则。依法订立的劳动合同具有约束力，用人单位与劳动者应当履行劳动合同约定的义务。

用人单位应当依法建立和完善劳动规章制度，保障劳动者享有劳动权利、履行劳动义务。

用人单位在制定、修改或者决定有关劳动报酬、工作时间、休息休假、劳动安全卫生、保险福利、职工培训、劳动纪律以及劳动定额管理等直接涉及劳动者切身利益的规章制度或者重大事项时，应当经职工代表大会或者全体职工讨论，提出方案和意见，与工会或者职工代表平等协商确定。在规章制度和重大事项决定实施过程中，工会或者职工认为不适当的，有权向用人单位提出，通过协商予以修改完善。用人单位应当将直接涉及劳动者切身利益的规章制度和重大事项决定公示，或者告知劳动者。

县级以上人民政府劳动行政部门会同工会和企业方面代表，建立健全协调劳动关系三方机制，共同研究解决有关劳动关系的重大问题。工会应当帮助、指导劳动者与用人单位依法订立和履行劳动合同，并与用人单位建立集体协商机制，维护劳动者的合法权益。

2. 劳动合同的订立

用人单位自用工之日起即与劳动者建立劳动关系。用人单位应当建立职工名册备查。用人单位招用劳动者时，应当如实告知劳动者工作内容、工作条件、工作地点、职业危害、安全生产状况、劳动报酬，以及劳动者要求了解的其他情况；用人单位有权了解劳动者与劳动合同直接相关的基本情况，劳动者应当如实说明。用人单位招用劳动者，不得扣押劳动者的居民身份证和其他证件，不得要求劳动者提供担保或者以其他名义向劳动者收取财物。

建立劳动关系，应当订立书面劳动合同。已建立劳动关系，未同时订立书面劳动合同的，应当自用工之日起一个月内订立书面劳动合同。用人单位与劳动者在用工前订立劳动合同的，劳动关系自用工之日起建立。

用人单位未在用工的同时订立书面劳动合同，与劳动者约定的劳动报酬不明确的，新招用的劳动者的劳动报酬按照集体合同规定的标准执行；没有集体合同或者集体合同未规定的，实行同工同酬。

劳动合同分为固定期限劳动合同、无固定期限劳动合同和以完成一定工作任务为期限的劳动合同。

固定期限劳动合同，是指用人单位与劳动者约定合同终止时间的劳动合同。

用人单位与劳动者协商一致，可以订立固定期限劳动合同。

无固定期限劳动合同，是指用人单位与劳动者约定无确定终止时间的劳动合同。

用人单位与劳动者协商一致，可以订立无固定期限劳动合同。有下列情形之一，劳动者提出或者同意续订、订立劳动合同的，除劳动者提出订立固定期限劳动合同外，应当订立无固定期限劳动合同：

（1）劳动者在该用人单位连续工作满十年的；

（2）用人单位初次实行劳动合同制度或者国有企业改制重新订立劳动合同时，劳动者在该用人单位连续工作满十年且距法定退休年龄不足十年的；

（3）连续订立二次固定期限劳动合同，且劳动者没有在试用期间被证明不符合录用条件或严重违反用人单位的规章制度的情形，续订劳动合同的。

用人单位自用工之日起满一年不与劳动者订立书面劳动合同的，视为用人单位与劳动者已订立无固定期限劳动合同。

以完成一定工作任务为期限的劳动合同，是指用人单位与劳动者约定以某项工作的完成为合同期限的劳动合同。用人单位与劳动者协商一致，可以订立以完成一定工作任务为期限的劳动合同。

劳动合同由用人单位与劳动者协商一致，并经用人单位与劳动者在劳动合同文本上签字或者盖章生效。劳动合同文本由用人单位和劳动者各执一份。

劳动合同应当具备以下条款：

（1）用人单位的名称、住所和法定代表人或者主要负责人；

（2）劳动者的姓名、住址和居民身份证或者其他有效身份证件号码；

（3）劳动合同期限；

（4）工作内容和工作地点；

（5）工作时间和休息休假；

（6）劳动报酬；

（7）社会保险；

（8）劳动保护、劳动条件和职业危害防护；

（9）法律、法规规定应当纳入劳动合同的其他事项。

劳动合同除前款规定的必备条款外，用人单位与劳动者可以约定试用期、培训、保守秘密、补充保险和福利待遇等其他事项。

劳动合同对劳动报酬和劳动条件等标准约定不明确，引发争议的，用人单位与劳动者可以重新协商；协商不成的，适用集体合同规定；没有集体合同或者集体合同未规定劳动报酬的，实行同工同酬；没有集体合同或者集体合同未规定劳动条件等标准的，适用国家有关规定。

劳动合同期限三个月以上不满一年的，试用期不得超过一个月；劳动合同期限一年以上不满三年的，试用期不得超过二个月；三年以上固定期限和无固定期限的劳动合同，试用期不得超过六个月。同一用人单位与同一劳动者只能约定一次试用期。以完成一定工作任务为期限的劳动合同或者劳动合同期限不满三个月的，不得约定试用期。试用期包含在劳动合同期限内。劳动合同仅约定试用期的，试用期不成立，该期限为劳动合同期限。

劳动者在试用期的工资不得低于本单位相同岗位最低档工资或者劳动合同约定工资的百分之八十，并不得低于用人单位所在地的最低工资标准。

在试用期中，除劳动者有在试用期间被证明不符合录用条件或严重违反用人单位的规章制度的情形外，用人单位不得解除劳动合同。用人单位在试用期解除劳动合同的，应当向劳动者说明理由。

用人单位为劳动者提供专项培训费用，对其进行专业技术培训的，可以与该劳动者订立协议，约定服务期。劳动者违反服务期约定的，应当按照约定向用人单位支付违约金。违约金的数额不得超过用人单位提供的培训费用。用人单位要求劳动者支付的违约金不得超过服务期尚未履行部分所应分摊的培训费用。用人单位与劳动者约定服务期的，不影响按照正常的工资调整机制提高劳动者在服务期期间的劳动报酬。

用人单位与劳动者可以在劳动合同中约定保守用人单位的商业秘密和与知识产权相关的保密事项。对负有保密义务的劳动者，用人单位可以在劳动合同或者保密协议中与劳动者约定竞业限制条款，并约定在解除或者终止劳动合同后，在竞业限制期限内按月给予劳动者经济补偿。劳动者违反竞业限制约定的，应当按照约定向用人单位支付违约金。

竞业限制的人员限于用人单位的高级管理人员、高级技术人员和其他负有保密义务的人员。竞业限制的范围、地域、期限由用人单位与劳动者约定，竞业限制的约定不得违反法律、法规的规定。在解除或者终止劳动合同后，前款规定的人员到与本单位生产或者经营同类产品、从事同类业务的有竞争关系的其他用人单位，或者自己开业生产或者经营同类产品、从事同类业务的竞业限制期限，不得超过二年。

下列劳动合同无效或者部分无效：

（1）以欺诈、胁迫的手段或者乘人之危，使对方在违背真实意思的情况下订立或者变更劳动合同的；

（2）用人单位免除自己的法定责任、排除劳动者权利的；

（3）违反法律、行政法规强制性规定的。

对劳动合同的无效或者部分无效有争议的，由劳动争议仲裁机构或者人民法院确认。劳动合同部分无效，不影响其他部分效力的，其他部分仍然有效。劳动合同被确认无效，劳动者已付出劳动的，用人单位应当向劳动者支付劳动报酬。劳动报酬的数额，参照本单位相同或者相近岗位劳动者的劳动报酬确定。

3. 劳动合同的履行和变更

用人单位与劳动者应当按照劳动合同的约定，全面履行各自的义务。用人单位应当按照劳动合同约定和国家规定，向劳动者及时足额支付劳动报酬。用人单位拖欠或者未足额支付劳动报酬的，劳动者可以依法向当地人民法院申请支付令，人民法院应当依法发出支付令。

用人单位应当严格执行劳动定额标准，不得强迫或者变相强迫劳动者加班。用人单位安排加班的，应当按照国家有关规定向劳动者支付加班费。

劳动者拒绝用人单位管理人员违章指挥、强令冒险作业的，不视为违反劳动合同。劳动者对危害生命安全和身体健康的劳动条件，有权对用人单位提出批评、检举和控告。

用人单位变更名称、法定代表人、主要负责人或者投资人等事项，不影响劳动合同的履行。

用人单位发生合并或者分立等情况，原劳动合同继续有效，劳动合同由承继其权利和义务的用人单位继续履行。

用人单位与劳动者协商一致，可以变更劳动合同约定的内容。变更劳动合同，应当采用书面形式。变更后的劳动合同文本由用人单位和劳动者各执一份。

4. 劳动合同的解除和终止

用人单位与劳动者协商一致，可以解除劳动合同。劳动者提前三十日以书面形式通知用人单位，可以解除劳动合同。劳动者在试用期内提前三日通知用人单位，可以解除劳动合同。

用人单位有下列情形之一的，劳动者可以解除劳动合同，且用人单位应当向劳动者支付经济补偿：

（1）未按照劳动合同约定提供劳动保护或者劳动条件的；

（2）未及时足额支付劳动报酬的；

（3）未依法为劳动者缴纳社会保险费的；

（4）用人单位的规章制度违反法律、法规的规定，损害劳动者权益的；

（5）因以期诈、胁迫的手段或乘人之危、使对方在违背真实意思的情况下订立或者变更劳动合同致使劳动合同无效的；

（6）法律、行政法规规定劳动者可以解除劳动合同的其他情形。

用人单位以暴力、威胁或者非法限制人身自由的手段强迫劳动者劳动的，或者用人单位违章指挥、强令冒险作业危及劳动者人身安全的，劳动者可以立即解除劳动合同，不需事先告知用人单位。

劳动者有下列情形之一的，用人单位可以解除劳动合同：

（1）在试用期间被证明不符合录用条件的；

（2）严重违反用人单位的规章制度的；

（3）严重失职，营私舞弊，给用人单位造成重大损害的；

（4）劳动者同时与其他用人单位建立劳动关系，对完成本单位的工作任务造成严重影响，或者经用人单位提出，拒不改正的；

（5）以欺诈、胁迫的手段或者乘人之危，使对方在违背真实意思的情况下订立或者变更劳动合同致使劳动合同无效的；

（6）被依法追究刑事责任的。

有下列情形之一的，用人单位提前三十日以书面形式通知劳动者本人或者额外支付劳动者一个月工资后，可以解除劳动合同，并且用人单位应当向劳动者支付经济补偿：

（1）劳动者患病或者非因工负伤，在规定的医疗期满后不能从事原工作，也不能从事由用人单位另行安排的工作的；

（2）劳动者不能胜任工作，经过培训或者调整工作岗位，仍不能胜任工作的；

（3）劳动合同订立时所依据的客观情况发生重大变化，致使劳动合同无法履行，经用人单位与劳动者协商，未能就变更劳动合同内容达成协议的。

有下列情形之一，需要裁减人员二十人以上或者裁减不足二十人但占企业职工总数百分之十以上的，用人单位提前三十日向工会或者全体职工说明情况，听取工会或者职工的意见后，裁减人员方案经向劳动行政部门报告，可以裁减人员，并且用人单位应当向劳动者支付经济补偿：

（1）依照企业破产法规定进行重整的；

（2）生产经营发生严重困难的；

（3）企业转产、重大技术革新或者经营方式调整，经变更劳动合同后，仍需裁减人员的；

（4）其他因劳动合同订立时所依据的客观经济情况发生重大变化，致使劳动合同无法履行的。

裁减人员时，应当优先留用下列人员：

（1）与本单位订立较长期限的固定期限劳动合同的；

（2）与本单位订立无固定期限劳动合同的；

（3）家庭无其他就业人员，有需要扶养的老人或者未成年人的。

用人单位依照企业破产法规定进行重整后，如在六个月内重新招用人员的，应当通知被裁减的人员，并在同等条件下优先招用被裁减的人员。

劳动者有下列情形之一的，用人单位不得解除劳动合同：

（1）从事接触职业病危害作业的劳动者未进行离岗前职业健康检查，或者疑似职业病病人在诊断或者医学观察期间的；

（2）在本单位患职业病或者因工负伤并被确认丧失或者部分丧失劳动能力的；

（3）患病或者非因工负伤，在规定的医疗期内的；

（4）女职工在孕期、产期、哺乳期的；

（5）在本单位连续工作满十五年，且距法定退休年龄不足五年的；

（6）法律、行政法规规定的其他情形。

上述情形即使劳动合同期满，劳动合同也应当续延至上述的情形消失时终止。但是，在本单位患职业病或者因工负伤并被确认丧失或者部分丧失劳动能力的劳动者的劳动合同的终止，按照国家有关工伤保险的规定执行。

用人单位单方解除劳动合同，应当事先将理由通知工会。用人单位违反法律、行政法规规定或者劳动合同约定的，工会有权要求用人单位纠正。用人单位应当研究工会的意见，并将处理结果书面通知工会。

有下列情形之一的，劳动合同终止：

（1）劳动合同期满的；

（2）劳动者开始依法享受基本养老保险待遇的；

（3）劳动者死亡，或者被人民法院宣告死亡或者宣告失踪的；

（4）用人单位被依法宣告破产的；

（5）用人单位被吊销营业执照、责令关闭、撤销或者用人单位决定提前解散的；

（6）法律、行政法规规定的其他情形。

符合上述（4）、（5）两条规定，用人单位终止劳动合同的，用人单位应当向劳动者支付经济补偿。

经济补偿按劳动者在本单位工作的年限，每满一年支付一个月工资的标准向劳动者支付。六个月以上不满一年的，按一年计算；不满六个月的，向劳动者支付半个月工资的经济补偿。

劳动者月工资高于用人单位所在直辖市、设区的市级人民政府公布的本地区上年度职工月平均工资三倍的，向其支付经济补偿的标准按职工月平均工资三倍的数额支付，向其支付经济补偿的年限最高不超过十二年。月工资是指劳动者在劳动合同解除或者终止前十二个月的平均工资。

用人单位违反劳动法规定解除或者终止劳动合同，劳动者要求继续履行劳动合同的，用人单位应当继续履行；劳动者不要求继续履行劳动合同或者劳动合同已经不能继续履行的，用人单位应当依照上述经济补偿标准的二倍支付赔偿金。

用人单位应当在解除或者终止劳动合同时出具解除或者终止劳动合同的证明，并在十五日内为劳动者办理档案和社会保险关系转移手续。劳动者应当按照双方约定，办理工作交接。用人单位依照劳动法有关规定应当向劳动者支付经济补偿的，在办结工作交接时支付。用人单位对已经解除或者终止的劳动合同的文本，至少保存二年备查。

5. 集体劳动合同

企业职工一方与用人单位通过平等协商，可以就劳动报酬、工作时间、休息休假、劳动安全卫生、保险福利等事项订立集体合同。集体合同草案应当提交职工代表大会或者全体职工讨论通过。

集体合同由工会代表企业职工一方与用人单位订立；尚未建立工会的用人单位，由上级工会指导劳动者推举的代表与用人单位订立。

企业职工一方与用人单位可以订立劳动安全卫生、女职工权益保护、工资调整机制等专项集体合同。

在县级以下区域内，建筑业、采矿业、餐饮服务业等行业可以由工会与企业方面代表订立行业性集体合同，或者订立区域性集体合同。

集体合同订立后，应当报送劳动行政部门；劳动行政部门自收到集体合同文本之日起十五日内未提出异议的，集体合同即行生效。

依法订立的集体合同对用人单位和劳动者具有约束力。行业性、区域性集体合同对当地本行业、本区域的用人单位和劳动者具有约束力。

集体合同中劳动报酬和劳动条件等标准不得低于当地人民政府规定的最低标准；用人单位与劳动者订立的劳动合同中劳动报酬和劳动条件等标准不得低于集体合同规定的标准。

用人单位违反集体合同，侵犯职工劳动权益的，工会可以依法要求用人单位承担责任；因履行集体合同发生争议，经协商解决不成的，工会可以依法申请仲裁、提起诉讼。

6. 劳务派遣

劳务派遣单位应当依照公司法的有关规定设立，注册资本不得少于五十万元。劳务派遣单位是劳动法所称用人单位，应当履行用人单位对劳动者的义务。劳务派遣单位与被派遣劳动者订立的劳动合同，除应当载明劳动合同必备条款的事项外，还应当载明被派遣劳动者的用工单位以及派遣期限、工作岗位等情况。

劳务派遣单位应当与被派遣劳动者订立二年以上的固定期限劳动合同，按月支付劳动报酬；被派遣劳动者在无工作期间，劳务派遣单位应当按照所在地人民政府规定的最低工资标准，向其按月支付报酬。

劳务派遣单位派遣劳动者应当与接受以劳务派遣形式用工的单位（以下称用工单位）订立劳务派遣协议。劳务派遣协议应当约定派遣岗位和人员数量、派遣期限、劳动报酬和社会保险费的数额与支付方式以及违反协议的责任。

用工单位应当根据工作岗位的实际需要与劳务派遣单位确定派遣期限，不得将连续用工期限分割订立数个短期劳务派遣协议。

劳务派遣单位应当将劳务派遣协议的内容告知被派遣劳动者。劳务派遣单位不得克扣用工单位按照劳务派遣协议支付给被派遣劳动者的劳动报酬。劳务派遣单位和用工单位不得向被派遣劳动者收取费用。

劳务派遣单位跨地区派遣劳动者的，被派遣劳动者享有的劳动报酬和劳动条件，按照用工单位所在地的标准执行。

用工单位应当履行下列义务：

（1）执行国家劳动标准，提供相应的劳动条件和劳动保护；

（2）告知被派遣劳动者的工作要求和劳动报酬；

（3）支付加班费、绩效奖金，提供与工作岗位相关的福利待遇；

（4）对在岗被派遣劳动者进行工作岗位所必需的培训；

（5）连续用工的，实行正常的工资调整机制。

用工单位不得将被派遣劳动者再派遣到其他用人单位。

被派遣劳动者享有与用工单位的劳动者同工同酬的权利。用工单位无同类岗位劳动者的，参照用工单位所在地相同或者相近岗位劳动者的劳动报酬确定。被派遣劳动者有权在劳务派遣单位或者用工单位依法参加或者组织工会，维护自身的合法权益。

被派遣劳动者和普通劳动者一样可以依照劳动法的规定与劳务派遣单位解除劳

动合同。

被派遣劳动者不符合用工条件的，用工单位可以将劳动者退回劳务派遣单位，劳务派遣单位依照劳动法有关规定，可以与劳动者解除劳动合同。

劳务派遣一般在临时性、辅助性或者替代性的工作岗位上实施。用人单位不得设立劳务派遣单位向本单位或者所属单位派遣劳动者。

7. 非全日制用工

非全日制用工，是指以小时计酬为主，劳动者在同一用人单位一般平均每日工作时间不超过四小时，每周工作时间累计不超过二十四小时的用工形式。非全日制用工双方当事人可以订立口头协议。

从事非全日制用工的劳动者可以与一个或者一个以上用人单位订立劳动合同；但是，后订立的劳动合同不得影响先订立的劳动合同的履行。非全日制用工双方当事人不得约定试用期。非全日制用工双方当事人任何一方都可以随时通知对方终止用工。终止用工，用人单位不向劳动者支付经济补偿。非全日制用工小时计酬标准不得低于用人单位所在地人民政府规定的最低小时工资标准。非全日制用工劳动报酬结算支付周期最长不得超过十五日。

8. 劳动法的监督检查

国务院劳动行政部门负责全国劳动合同制度实施的监督管理。县级以上地方人民政府劳动行政部门负责本行政区域内劳动合同制度实施的监督管理。县级以上各级人民政府劳动行政部门在劳动合同制度实施的监督管理工作中，应当听取工会、企业方面代表以及有关行业主管部门的意见。

县级以上地方人民政府劳动行政部门依法对下列实施劳动合同制度的情况进行监督检查：

（1）用人单位制定直接涉及劳动者切身利益的规章制度及其执行的情况；

（2）用人单位与劳动者订立和解除劳动合同的情况；

（3）劳务派遣单位和用工单位遵守劳务派遣有关规定的情况；

（4）用人单位遵守国家关于劳动者工作时间和休息休假规定的情况；

（5）用人单位支付劳动合同约定的劳动报酬和执行最低工资标准的情况；

（6）用人单位参加各项社会保险和缴纳社会保险费的情况；

（7）法律、法规规定的其他劳动监察事项。

县级以上地方人民政府劳动行政部门实施监督检查时，有权查阅与劳动合同、集体合同有关的材料，有权对劳动场所进行实地检查，用人单位和劳动者都应当如实提供有关情况和材料。劳动行政部门的工作人员进行监督检查，应当出示证件，依法行使职权，文明执法。

县级以上人民政府建设、卫生、安全生产监督管理等有关主管部门在各自职责范围内，对用人单位执行劳动合同制度的情况进行监督管理。

劳动者合法权益受到侵害的，有权要求有关部门依法处理，或者依法申请仲裁、提起诉讼。工会依法维护劳动者的合法权益，对用人单位履行劳动合同、集体合同的情况进行监督。用人单位违反劳动法律、法规和劳动合同、集体合同的，工会有权提出意见或者要求纠正；劳动者申请仲裁、提起诉讼的，工会依法给予支持和帮助。

任何组织或者个人对违反劳动合同法的行为都有权举报，县级以上人民政府劳动行政部门应当及时核实、处理，并对举报有功人员给予奖励。

9. 法律责任

用人单位直接涉及劳动者切身利益的规章制度违反法律、法规规定的，由劳动行政部门责令改正，给予警告；给劳动者造成损害的，应当承担赔偿责任。

用人单位提供的劳动合同文本未载明劳动合同法规定的劳动合同必备条款或者用人单位未将劳动合同文本交付劳动者的，由劳动行政部门责令改正；给劳动者造成损害的，应当承担赔偿责任。

用人单位自用工之日起超过一个月不满一年未与劳动者订立书面劳动合同的，应当向劳动者每月支付二倍的工资。用人单位违反劳动法规定不与劳动者订立无固定期限劳动合同的，自应当订立无固定期限劳动合同之日起向劳动者每月支付二倍的工资。

用人单位违反劳动合同法规定与劳动者约定试用期的，由劳动行政部门责令改正；违法约定的试用期已经履行的，由用人单位以劳动者试用期满月工资为标准，按已经履行的超过法定试用期的期间向劳动者支付赔偿金。

用人单位违反劳动合同法规定，扣押劳动者居民身份证等证件的，由劳动行政部门责令限期退还劳动者本人，并依照有关法律规定给予处罚。

用人单位违反劳动合同法规定，以担保或者其他名义向劳动者收取财物的，或劳动者依法解除或者终止劳动合同，用人单位扣押劳动者档案或者其他物品的，由劳动行政部门责令限期退还劳动者本人，并以每人五百元以上二千元以下的标准处以罚款；给劳动者造成损害的，应当承担赔偿责任。

用人单位有下列情形之一的，由劳动行政部门责令限期支付劳动报酬、加班费或者经济补偿；劳动报酬低于当地最低工资标准的，应当支付其差额部分；逾期不支付的，责令用人单位按应付金额百分之五十以上百分之一百以下的标准向劳动者加付赔偿金：

（1）未按照劳动合同的约定或者国家规定及时足额支付劳动者劳动报酬的；

（2）低于当地最低工资标准支付劳动者工资的；

（3）安排加班不支付加班费的；

（4）解除或者终止劳动合同，未依照劳动合同法规定向劳动者支付经济补偿的。

劳动合同依照劳动合同法规定被确认无效，给对方造成损害的，有过错的一方应当承担赔偿责任。

用人单位违反劳动合同法规定解除或者终止劳动合同的，应当依照劳动合同法规定的经济补偿标准的二倍向劳动者支付赔偿金。

用人单位有下列情形之一的，依法给予行政处罚；构成犯罪的，依法追究刑事责任；给劳动者造成损害的，应当承担赔偿责任：

（1）以暴力、威胁或者非法限制人身自由的手段强迫劳动的；

（2）违章指挥或者强令冒险作业危及劳动者人身安全的；

（3）侮辱、体罚、殴打、非法搜查或者拘禁劳动者的；

（4）劳动条件恶劣、环境污染严重，给劳动者身心健康造成严重损害的。

用人单位违反劳动合同法规定未向劳动者出具解除或者终止劳动合同的书面证明，由劳动行政部门责令改正；给劳动者造成损害的，应当承担赔偿责任。

劳动者违反劳动合同法规定解除劳动合同，或者违反劳动合同中约定的保密义务或者竞业限制，给用人单位造成损失的，应当承担赔偿责任。

用人单位招用与其他用人单位尚未解除或者终止劳动合同的劳动者，给其他用人单位造成损失的，应当承担连带赔偿责任。

劳务派遣单位违反劳动合同法规定的，由劳动行政部门和其他有关主管部门责令改正；情节严重的，以每人一千元以上五千元以下的标准处以罚款，并由工商行政管理部门吊销营业执照；给被派遣劳动者造成损害的，劳务派遣单位与用工单位承担连带赔偿责任。

对不具备合法经营资格的用人单位的违法犯罪行为，依法追究法律责任；劳动者已经付出劳动的，该单位或者其出资人应当依照劳动合同法有关规定向劳动者支付劳动报酬、经济补偿、赔偿金；给劳动者造成损害的，应当承担赔偿责任。

个人承包经营违反劳动合同法规定招用劳动者，给劳动者造成损害的，发包的组织与个人承包经营者承担连带赔偿责任。

劳动行政部门和其他有关主管部门及其工作人员玩忽职守、不履行法定职责，或者违法行使职权，给劳动者或者用人单位造成损害的，应当承担赔偿责任；对直接负责的主管人员和其他直接责任人员，依法给予行政处分；构成犯罪的，依法追究刑事责任。

第 4 节 《中华人民共和国合同法》常识

《中华人民共和国合同法》是调整平等主体的自然人、法人、其他组织之间设立、变更、终止民事权利义务关系的法律规范的总称。自 1999 年 10 月 1 日起施行，原颁布的《中华人民共和国经济合同法》《中华人民共和国涉外经济合同法》《中华人民共和国技术合同法》同时废止。

1. 合同的含义

合同是平等主体的自然人、法人、其他组织之间设立、变更、终止民事权利义务关系的协议。它是受合同法规范的一种法律事实，能够导致法律后果的产生，是一种法律行为。

合同是当事人双方共同的法律行为，只有当双方当事人目的明确、协商一致时，合同才能成立。

2. 合同法的基本原则

（1）合同当事人的法律地位平等，一方不得将自己的意志强加给另一方。

（2）当事人依法享有自愿订立合同的权利，任何单位和个人不得非法干预。

（3）当事人应当遵循公平原则确定各方的权利和义务。

（4）当事人行使权利、履行义务应当遵循诚实信用原则。

（5）当事人订立、履行合同，应当遵守法律、行政法规，尊重社会公德，不得扰乱社会经济秩序，损害社会公共利益。

（6）依法成立的合同，对当事人具有法律约束力。当事人应当按照约定履行自己的义务，不得擅自变更或者解除合同。

3. 合同的形式

（1）口头合同形式是指当事人双方只是通过语言进行意思表示，而不用文字等书面表达合同内容来订立合同的形式。它的优点是便捷快速，缺点是举证困难，不易分清责任。

（2）书面合同是指合同书、信件和数据电文（包括电报、电传、传真、电子数据交换和电子邮件）等可以有形地表现所载内容的形式。它的优点是可以促使当事人全面、正确地履行合同，当发生纠纷时，便于举证和分清责任。

4. 合同的内容条款

（1）当事人的名称或者姓名和住所；

（2）标的；

（3）数量；

（4）质量；

（5）价款或者报酬；

（6）履行期限、地点和方式；

（7）违约责任；

（8）解决争议办法。

5. 合同的订立方式

当事人订立合同，应当具有相应的民事权利能力和民事行为能力。当事人依法可以委托代理人订立合同。

当事人订立合同，采取要约、承诺方式：

（1）要约

1）要约的含义。要约是希望和他人订立合同的意思表示。它必须具备两个条件：①要约内容要具体确定；②表明经受要约人承诺，要约人即受该意思表示约束。

2）要约的生效。要约在到达受要约人时即生效。

3）要约的撤回与撤销。撤回要约的通知应当在要约到达受要约人之前或者与要约同时到达受要约人，方可撤回。

撤销要约的通知应当在受要约人发出承诺通知之前到达受要约人，生效的要约方可撤销。值得注意的是，在下列两种情形下，要约不得撤销：一是要约规定了承诺期限或者以其他形式明示要约不可撤销；二是受要约人有理由认为要约是不可撤销的，并已经为履行合同作了准备工作。

4）要约的失效。有下列情形之一的，要约失效：①拒绝要约的通知到达要约人；②要约人依法撤销要约；③承诺期限届满，受要约人未作出承诺；④受要约人对要约的内容作出实质性变更。

（2）承诺

1）承诺的含义。承诺是受要约人同意要约的意思表示。

2）承诺的生效。承诺在承诺通知到达要约人时生效。要约没有确定承诺期限的，承诺应当依照下列规定到达：①要约以对话方式作出的，应当即时作出承诺，但当事人另有约定的除外；②要约以非对话方式作出的，承诺应当在合理期限内到达。

3）承诺的撤回。撤回承诺的通知应当在承诺通知到达要约人之前或者与承诺通知同时到达要约人。

6. 合同的成立

合同的成立是指双方当事人之间通过协商，就合同的主要内容达成一致意见，建立起合同关系。承诺生效时合同成立。承诺生效的地点为合同成立的地点。

（1）当事人采用合同书形式订立合同的，自双方当事人签字或者盖章时合同成立。

（2）当事人采用信件、数据电文等形式订立合同的，可以在合同成立之前要求签订确认书。签订确认书时合同成立。

（3）采用数据电文形式订立合同的，收件人的主营业地为合同成立的地点；没有主营业地的，其经常居住地为合同成立的地点。当事人另有约定的，按照其约定。

（4）当事人采用合同书形式订立合同的，双方当事人签字或者盖章的地点为合同成立的地点。

（5）法律、行政法规规定或者当事人约定采用书面形式订立合同，当事人未采用书面形式但一方已经履行主要义务，对方接受的，该合同成立。

（6）采用合同书形式订立合同，在签字或者盖章之前，当事人一方已经履行主要义务，对方接受的，该合同成立。

7. 合同的格式条款

格式条款是当事人为了重复使用而预先拟定，并在订立合同时未与对方协商的条款。

采用格式条款订立合同的，提供格式条款的一方应当遵循公平原则确定当事人之间的权利和义务，并采取合理的方式提请对方注意免除或者限制其责任的条款，按照对方的要求，对该条款予以说明。格式条款具有合同法规定的引起合同无效的情形的，或者提供格式条款一方免除其责任、加重对方责任、排除对方主要权利的，该条款无效。

对格式条款的理解发生争议的，应当按通常理解予以解释。对格式条款有两种以上解释的，应当作出不利于提供格式条款一方的解释。格式条款和非格式条款不一致的，应当采用非格式条款。

8. 损害赔偿责任

当事人在订立合同过程中有下列情形之一，给对方造成损失的，应当承担损害赔偿责任：

(1) 假借订立合同，恶意进行磋商；

(2) 故意隐瞒与订立合同有关的重要事实或者提供虚假情况；

(3) 有其他违背诚实信用原则的行为。

当事人在订立合同过程中知悉的商业秘密，无论合同是否成立，不得泄露或者不正当地使用。泄露或者不正当地使用该商业秘密给对方造成损失的，应当承担损害赔偿责任。

9. 合同生效的时间

(1) 依法成立的合同，自成立时生效。

(2) 法律、行政法规规定应当办理批准、登记等手续生效的，依照其规定。

(3) 当事人对合同的效力可以约定附条件。附生效条件的合同，自条件成就时生效。

(4) 当事人对合同的效力可以约定附期限。附生效期限的合同，自期限届至时生效。

10. 无效合同

无效合同是指不具有法律约束力的合同。有下列情形之一的，合同无效：

（1）一方以欺诈、胁迫的手段订立合同，损害国家利益；

（2）恶意串通，损害国家、集体或者第三人利益；

（3）以合法形式掩盖非法目的；

（4）损害社会公共利益；

（5）违反法律、行政法规的强制性规定。

合同无效或者被撤销后，因该合同取得的财产，应当予以返还；不能返还或者没有必要返还的，应当折价补偿。有过错的一方应当赔偿对方因此所受到的损失，双方都有过错的，应当各自承担相应的责任。

当事人恶意串通，损害国家、集体或者第三人利益的，因此取得的财产收归国家所有或者返还集体、第三人。

11. 合同的履行

当事人应当按照约定全面履行自己的义务，应当遵循诚实信用原则，根据合同的性质、目的和交易习惯履行通知、协助、保密等义务。

合同生效后，当事人就质量、价款或者报酬、履行地点等内容没有约定或者约定不明确的，可以协议补充；不能达成补充协议的，按照合同有关条款或者交易习惯确定。

当事人就有关合同内容约定不明确，依照上述规定仍不能确定的，适用下列规定：

（1）质量要求不明确的，按照国家标准、行业标准履行；没有国家标准、行业标准的，按照通常标准或者符合合同目的的特定标准履行。

（2）价款或者报酬不明确的，按照订立合同时履行地的市场价格履行；依法应当执行政府定价或者政府指导价的，按照规定履行。

（3）履行地点不明确，给付货币的，在接受货币一方所在地履行；交付不动产的，在不动产所在地履行；其他标的，在履行义务一方所在地履行。

（4）履行期限不明确的，债务人可以随时履行，债权人也可以随时要求履行，但应当给对方必要的准备时间。

（5）履行方式不明确的，按照有利于实现合同目的的方式履行。

（6）履行费用的负担不明确的，由履行义务一方负担。

12. 合同的变更和转让

当事人协商一致，可以变更合同。法律、行政法规规定变更合同应当办理批准、登记等手续的，依照其规定。当事人对合同变更的内容约定不明确的，推定为未变更。

债权人可以将合同的权利全部或者部分转让给第三人，但有下列情形之一的除外：

（1）根据合同性质不得转让；

（2）按照当事人约定不得转让；

（3）依照法律规定不得转让。

当事人订立合同后合并的，由合并后的法人或者其他组织行使合同权利，履行合同义务。当事人订立合同后分立的，除债权人和债务人另有约定的以外，由分立的法人或者其他组织对合同的权利和义务享有连带债权，承担连带债务。

13. 合同的权利义务终止

合同的权利义务终止是指合同规定的权利义务已经消灭或者不能履行，如有下列情形之一的，合同的权利义务终止：

（1）债务已经按照约定履行；

（2）合同解除；

（3）债务相互抵消；

（4）债务人依法将标的物提存；

（5）债权人免除债务；

（6）债权债务同归于一人；

（7）法律规定或者当事人约定终止的其他情形。

14. 合同的解除

当事人协商一致，可以解除合同。当事人可以约定一方解除合同的条件。解除合同的条件成就时，解除权人可以解除合同。

有下列情形之一的，当事人可以解除合同：

（1）因不可抗力致使不能实现合同目的；

（2）在履行期限届满之前，当事人一方明确表示或者以自己的行为表明不履行主要债务；

（3）当事人一方迟延履行主要债务，经催告后在合理期限内仍未

（4）当事人一方迟延履行债务或者有其他违约行为致使不能实现合

（5）法律规定的其他情形。

15. 违约责任

（1）当事人一方不履行合同义务或者履行合同义务不符合约定的，应当承担继续履行、采取补救措施或者赔偿损失等违约责任。

（2）当事人一方明确表示或者以自己的行为表明不履行合同义务的，对方可以在履行期限届满之前要求其承担违约责任。

（3）当事人一方未支付价款或者报酬的，对方可以要求其支付价款或者报酬。

（4）当事人一方不履行非金钱债务或者履行非金钱债务不符合约定的，对方可以要求履行，但有下列情形之一的除外：1）法律上或者事实上不能履行；2）债务的标的不适于强制履行或者履行费用过高；3）债权人在合理期限内未要求履行。

（5）质量不符合约定的，应当按照当事人的约定承担违约责任。对违约责任没有约定或者约定不明确，依照合同法有关规定仍不能确定的，受损害方根据标的的性质以及损失的大小，可以合理选择要求对方承担修理、更换、重作、退货、减少价款或者报酬等违约责任。

（6）当事人一方不履行合同义务或者履行合同义务不符合约定的，在履行义务或者采取补救措施后，对方还有其他损失的，应当赔偿损失。

（7）当事人一方不履行合同义务或者履行合同义务不符合约定，给对方造成损失的，损失赔偿额应当相当于因违约所造成的损失，包括合同履行后可以获得的利益，但不得超过违反合同一方订立合同时预见到或者应当预见到的因违反合同可能造成的损失。

（8）当事人可以约定一方违约时应当根据违约情况向对方支付一定数额的违约金，也可以约定因违约产生的损失赔偿额的计算方法。

（9）约定的违约金低于造成的损失的，当事人可以请求人民法院或者仲裁机构予以增加；约定的违约金过分高于造成的损失的，当事人可以请求人民法院或者仲裁机构予以适当减少。

（10）当事人就迟延履行约定违约金的，违约方支付违约金后，还应当履行债务。

（11）当事人可以依照《中华人民共和国担保法》约定一方向对方给付定金作为债权的担保。债务人履行债务后，定金应当抵作价款或者收回。给付定金的一方不履行约定的债务的，无权要求返还定金；收受定金的一方不履行约定的债务的，

应当双倍返还定金。

(12) 当事人既约定违约金，又约定定金的，一方违约时，对方可以选择适用违约金或者定金条款。

(13) 因不可抗力不能履行合同的，根据不可抗力的影响，部分或者全部免除责任，但法律另有规定的除外。当事人迟延履行后发生不可抗力的，不能免除责任。不可抗力是指不能预见、不能避免并不能克服的客观情况。

(14) 当事人一方因不可抗力不能履行合同的，应当及时通知对方，以减轻可能给对方造成的损失，并应当在合理期限内提供证明。

(15) 当事人一方违约后，对方应当采取适当措施防止损失的扩大；没有采取适当措施致使损失扩大的，不得就扩大的损失要求赔偿。当事人因防止损失扩大而支出的合理费用，由违约方承担。

(16) 当事人双方都违反合同的，应当各自承担相应的责任。

(17) 当事人一方因第三人的原因造成违约的，应当向对方承担违约责任。当事人一方和第三人之间的纠纷，依照法律规定或者按照约定解决。

(18) 因当事人一方的违约行为，侵害对方人身、财产权益的，受损害方有权选择依照合同法要求其承担违约责任或者依照其他法律要求其承担侵权责任。

16. 合同争议的解决

当事人可以通过和解或者调解解决合同争议。

当事人不愿和解、调解或者和解、调解不成的，可以根据仲裁协议向仲裁机构申请仲裁。涉外合同的当事人可以根据仲裁协议向中国仲裁机构或者其他仲裁机构申请仲裁。当事人没有订立仲裁协议或者仲裁协议无效的，可以向人民法院起诉。当事人应当履行发生法律效力的判决、仲裁裁决、调解书；拒不履行的，对方可以请求人民法院执行。

思考题

1. 请简述治安管理处罚的种类和适用范围。
2. 《中华人民共和国消防法》立法的意义和目的是什么？
3. 劳动者在何种情形下可以解除劳动合同？
4. 合同争议如何解决？

附录 1：

纺织服装专业市场建设及管理技术规范

1. 范围

本标准规定了纺织服装专业市场建设和经营管理术语及定义、建设及经营环境、经营管理、从业人员、招商管理等技术要求。

本标准适用于各类纺织服装专业市场建设与经营管理。

2. 规范性引用文件

下列文件中的条款通过本标准的引用而成为本标准的条款。凡是注日期的引用文件，其随后所有的修改单（不包括勘误的内容）或修订版均不适用于本标准，然而，鼓励根据本标准达成协议的各方研究是否可使用这些文件的最新版本。凡是不注日期的引用文件，其最新版本适用于本标准。

GB/T 18883《室内空气质量标准》

GBJ 16《建筑设计防火规范》

GB15630《消防安全标志设置要求》

GB10001.1《公共信息标志用图形符号（第一部分中的通用符号部分）》

GB/T 17217《城市公共厕所卫生标准》

GB8978《污水综合排放标准》

SB/T10397—2005《招商制建材家居市场建设及管理技术规范》

JGJ 48《商店建筑设计规范》

3. 术语和定义

下列术语和定义适用于本标准。

3.1 纺织服装专业市场（Textile Clothing Wholesale Market）

指以经营针纺织品服装为主要交易对象的、集聚的针纺织品及服装商品占该市场经营商品的 80%以上的交易市场。

3.2 市场投资建设者

由政府、发展商或投资商构成。市场建设者对所投资建设的市场拥有所有权和经营权。

3.3 专业市场管理机构（Management Organization of a Wholesale Market）

指在纺织服装专业市场运营管理的组织。主要包括：专业市场管理公司、市场管理委员会或市场发展管理局等机构，其成员由市场管理经验丰富的专业部门和专业人士组成。

专业市场管理机构的主要职责是，负责市场投资建设、招商计划及招商、布局规划、消防管理、治安管理、销售信息管理、售后服务规范等。

3.4 专业市场从业人员

指在纺织服装专业市场管理机构工作的人员、市场内的交易商及相关服务人员。

3.5 交易商（Trader）

在纺织服装专业市场从事商品交易的主体，包括：生产企业的销售商、批发商、代理商、网上交易商、批发和零售兼营者以及采购进货的零售商和个体工商户等。

3.6 店面（Shop）（铺面或摊位 Booth/Stall）

市场中同一种类商品交易活动场所的最小单位。

根据市场交易商品类别划分的若干个经营区，同一类别商品经营区内交易活动场所的最小单位为店面（铺面或摊位），由交易商租赁使用、直接经营或拥有，是交易商独立从事交易活动的场所。

3.7 招商制（Leasehold System）

纺织服装专业市场为集聚交易商并能开展市场统一的经营管理而采取的招商形式之一。具体做法：由市场投资建设者以合同方式，将一定的经营面积（也称店面、店铺或摊位），以招标租赁形式招进交易商。市场投资建设者或其委托的专业市场管理机构负责招商管理和市场运营，交易商依据市场管理章程从事商品交易活动。

3.8 产权制（Property System）

纺织服装专业市场为集聚交易商并收回部分建设投资而采取的招商形式之一。具体做法：由市场投资建设者以合同方式，将一定经营面积的店面（或店铺、摊位），出售给交易商，交易商直接经营或拥有产权，其经营者纳入市场的统一经营管理。

4. 建设环境要求

4.1 选址要求

4.1.1 市场选址应符合本地区的城市建设规划和商业网点规划要求，并将欲建市场纳入本区域市场建设规划中。

4.1.2 市场选址应在交通方便，辐射范围广，不影响居民日常生活的地方。

4.1.3 市场主体建筑安全距离应符合防火规范规定的范围。

4.1.4 纺织服装专业市场的主体建筑应符合 JGJ 48《商店建筑设计规范》的要求。

4.2 场内环境要求

4.2.1 场内布局规划应合理，要设有车辆和人员专用出入口。

4.2.2 场内应按当地绿化主管部门规定进行绿化，创建美好的人文环境。

4.2.3 场内各种标识应齐全、正确、明示，标识应符合 GB 10001.1《公共信息标志用图形符号》的规定。

4.2.4　应设置与市场交易规模相适应的专用机动车停车场，并设置机动车[illegible]货运、装卸停车场与交易商、顾客乘用车停车场应分别设置。停车场的主要通道应宽敞，场内地面应承重、平整、耐磨、防滑。

4.2.5　场内应清洁、卫生，不得有影响环境卫生的污染源。

4.2.6　强化环境保护意识，减少或禁止使用不可回收的塑料包装袋。

5. 经营环境要求

5.1　卖场环境要求

5.1.1　卖场地面应坚固、平整、清洁、防滑。

5.1.2　卖场应设有主通道，应明示安全出口，保证通行顺畅和疏散迅速，通道最小净宽度应符合 JGJ 48《商店建筑设计规范》中 3.2.8 的规定，不得堆放任何物品。

5.1.3　卖场空间应宽敞明亮、通风、空气清新、无异味。

5.1.4　卖场内应设相应的休息场所和设施。

5.2　设备设施要求

5.2.1　卖场应有良好的采光、照明、通风、排水、防尘、广播通讯、公告等设施。

5.2.2　多层卖场应设有人行自动扶梯、垂直升降电梯、要设置货用专用电梯。

5.2.3　卖场应设有中央空调或其他空调设施。

5.2.4　卖场应设置与卖场面积、条件相匹配的卫生间。卫生间应有无障碍设施。卫生间的卫生应符合 GB/T 17217《城市公共厕所卫生标准》的要求。

5.2.5　应设置垃圾收集和分类处理设施，垃圾应及时清理。

5.2.6　应设置销售必须的仓储设施，以确保正常交易。

5.2.7　应按商品大类布局经营区域，并按商品类别配置商品陈列设施。

5.2.8　消防设施应符合本标准 6 的规定。

5.2.9　卖场的出入口应配置无障碍设施。

6. 消防治安要求

6.1　消防安全要求

6.1.1　市场建筑应符合 GBJ 16《建筑设计防火规范》的要求，配备消防器材和设备，并通过消防主管部门验收。

6.1.2　应设有消防通道，通道宽度不得少于 2.4 m。要明示规范的消防标志，并符合 GB 15630《消防安全标志设置要求》。

6.1.3　在紧急疏散通道、安全出口，要装置应急照明设施等。

6.1.4　应成立专职的消防组织，明确市场防灾防事故第一责任人，并分别制定有火灾应急预案和突发事故应急预案，保持随时启动和安全有效运转。

6.1.5　任何人不得在卖场内吸烟和使用明火。

6.1.6　应配备专职电工、定期检查电路、用电设施和用电安全。

6.1.7　多层建筑的卖场物品堆放应符合承重及堆放高度要求。

6.1.8　市场内所有从业人员应定期进行安全事故或突发事件处理以及消防知识的培训和技能训练。

6.2　治安要求

6.2.1　市场要有应对各种安全事故或突发事件的处理预案。

6.2.2　市场要制定切实可行的治安防范规章制度。

6.2.3　场内应设有治安值班室。

6.2.4　保安人员要经过岗位专业培训，持证上岗。

6.2.5　保安人员要熟知处理安全事故或突发事件的各种预案和方法。

6.2.6　市场应配备防盗监控实施，实行 24 h 监控。

6.2.7　市场应建立健全保安防范组织。

6.2.8　有完善的顾客物品存放保管设施。

7. 招商管理要求

7.1　资质审查

7.1.1　专业市场管理机构与交易商签订入场经营租赁合同后，交易商应提供下列有效资质证明：

a) 工商行政管理部门核发的营业执照；

b) 税务部门批准核发的税务登记或注册税务登记证；

c) 企业法定代表人身份证、经营人员身份证及法定代表人授权委托书和被授权人身份证；

d) 依法建立合同台账和档案。

7.1.2　以上资质审查符合要求的方可入场经营。

7.2　招商管理

7.2.1　提倡市场建设者成立专业市场管理机构，对市场运行进行专业化的管理。

7.2.2　已开业运营的市场，应建立持续性的招商工作制度，以确保市场经营实行定期的交易商淘汰制，不断引进新客户，促进市场健康有序发展。

7.2.3　招商指导思想应与市场建设宗旨、方针一致，制定公开、公正、系统、完整的招商计划，采取招标租赁等现代营销理念和营销方法，为市场的正常运转和繁荣打好基础。

7.2.4　招商活动应遵守国家相关法律法规，招商广告和宣传内容应真实、准确。

7.2.5　要公开招商政策，让经销商共享公平、公正的市场资源，处理好社会各方面的利益关系，保证纺织服装专业市场资源在市场调节下的自主运行。

7.2.6　要严格遵守招商法律规定，根据国家有关商业房地产销售中的有关法律依据和相关政策，有计划地开展招商活动，向进入市场交易者提供市场建设有关的各类批件和资料等。

7.2.7　要建立招商档案，明确招商档案类别的划分和管理规范，建立短、中、长期和永久性招商档案管理体系。

7.2.8　要对招商人员进行严格的职业道德培训，通过严格的招商管理，提高市场经营者、市场管理者的素质，用现代市场营运管理技术，提升市场交易方式，实现纺织服装专业市场的更新换代。

8. 经营管理要求

8.1　商品质量管理

8.1.1　应制定纺织服装专业市场商品质量审核准入制度。纺织服装专业市场商品质量审核应包括下列要求：

a）商品质量应符合国家标准、行业标准、地方标准和企业标准的规定；

b）进场交易的商品应有商品合格证和按规定要求提供使用说明书；

c）进场交易的商品标识应规范，要明示商品产地和生产企业或经销商名称；

d）进场交易的商品应有质量监督审核部门的相关报告；

e）实行强制性认证的进场交易商品应有强制性认证证书；

f）实施生产许可证管理的进场交易的商品，应提供生产许可证；

g）进场交易的进口商品应有报关单和商检报告；

h）进场交易的代理或授权交易的商品，应有商标注册证或商标使用授权书。

8.1.2　场内交易或售出的商品应有产品出厂的质量保证单。

8.1.3　纺织服装专业市场应设立专职的商品质量管理部门及质量检测中心，配备专业、专职检测人员，对商品质量进行不定期的检查。应对采样记录、检测报告、客户档案进行登记。

8.1.4　纺织服装专业市场应设立纺织服装产品研发、设计及趋势发布中心。组织相关人员对纺织服装及面料功能性进行开发，研究流行趋势，建立推广品牌，并适时将上述结果予以发布。

8.2　价格管理

8.2.1　进入纺织服装专业市场交易的商品价格和服务收费应符合国家价格管理的有关规定：

a）所有进场交易的商品应明码标价，标签应使用物价管理部门统一规定的标签或经其批准的标签；

b）所有进场交易的商品标签应标明商品价格、名称、规格、产地、等级等内容；

c）特价交易商品应标明其价格理由；

d）所有售出商品应开具销售凭据或发票。

8.3　经营秩序管理

应设置经营管理督导员，专门负责对市场经营秩序和交易商进行督导管理。

8.3.1　监督指导所有进场交易的交易商应持证持照经营，佩戴胸卡。

8.3.2　监督指导所有进场交易的交易商应建立交易商档案，并对交易商的资质、业绩、信誉及经营行为等进行监督指导。

8.3.3　对分区经营的店面（或店铺、摊位），应进行经常性的督查管理，及时了解交易商在日常交易中的需求或变化，以确保有序经营。

8.3.4　经常性地督查交易商是否做到了诚信经营，公平交易。

8.3.5　市场应建立对违规交易商的处理或清退制度。配合政府职能部门对有欺诈、违规经营、偷税、漏税、欠税等行为的交易商进行制度规定的处罚。

8.4　交易管理

8.4.1　监督指导交易商建立健全台账制度。

8.4.2　鼓励交易商进行电子结算。

8.4.3　鼓励开展网络电子交易。

8.4.4　应运用计算机建立数据库，加强各种交易数据管理。

8.4.5　市场应设置信息台或电子屏幕，公示市场交易信息、商品信息、价格信息、即时新闻、天气预报、重大活动公告以及市场各项承诺及服务措施等。

8.5　服务管理

8.5.1　市场入口处应设置服务台和区域分布导图，并设有专职人员为顾客提供导购服务。新建市场应设置电子屏区域分布导图设施，以方便顾客。

8.5.2　商品售出后出现的质量问题，应按国家有关“三包”规定处理。

8.5.3　应设置投诉办公室，在市场显著位置设置投诉信箱，公布投诉电话。处理投诉应制度化，责任到人，限定时间，对处理结果和投诉者满意度进行详细记录。对不悔改者按市场规定进行处理。

8.5.4　应建立服务监督制度，定期对进场交易的顾客和交易商进行经常性的满意度抽样调查，征询对市场服务的意见，记录在案，制定解决办法并改进。

8.5.5　应兑现对进场交易者的各项服务承诺。

8.5.6　应设置有对残疾人服务的人员和用具等。

8.5.7　应对货运物流或配送服务实行统一管理。

8.5.8　应编制有《市场管理工作手册》，内容包括市场管理工作流程、各部门管理制度、建设环境管理、经营环境管理、消防治安管理、招商管理、经营管理、从业人员管理、市场信用管理等。

9. 从业人员管理

9.1　从业人员要求

9.1.1　市场应配备质量安全检验、环境卫生管理、设施设备检修、物流配送、装卸搬运、消防安全管理、治安管理、顾客投诉处理、销售服务等方面的从业人员。市场不同岗位从业人员应持本市场有效上岗证件上岗。

9.1.2　进场工作的专业市场管理机构从业人员不得在场内从事指定工作以外的各种交易活动。

9.1.3　进场交易的交易商等不得在场内从事注册交易内容以外的违法交易活动。

9.2　从业人员培训

专业市场管理机构应建立培训上岗制度，不定期地对不同岗位从业人员进行培训和考核，记录并存档培训和考核的情况。市场所有从业人员应接受所在市场开展经营安全、交易活动等方面知识的宣传和培训。

10. 市场信用管理

纺织服装专业市场应做到诚信经营，建设并完善市场信用体系，建立和保持良好的社会信誉度。

10.1　应对商品质量和交易行为进行监督、管理，严格按照本标准要求准入商品，禁止假冒伪劣商品入场，禁止短尺少寸、以次充好等欺骗消费者行为，及时处理顾客对质量问题的投诉。

10.2　应督促交易商按时、足额缴纳各种税费，不偷逃税款。

10.3　应严格执行国家保护知识产权的相关法律。监督场内经营商品无仿冒、无侵权投诉记录。

10.4　应维护公平、公正的交易环境，防止商业贿赂、行业垄断等不正当竞争行为。

10.5　市场应在工商、税务、卫生、环保监督等部门无违法记录，在金融、保险等机构无不良记录。

附录 2：

全国最大的 50 个专业批发市场（按成交额排列）

1. 浙江义乌中国小商品城
2. 浙江绍兴中国轻纺城
3. 辽宁沈阳五爱小商品批发市场
4. 辽宁海城西柳服装批发市场
5. 山东临沂市临沂批发城
6. 湖北武汉市汉正街小商品市场
7. 四川成都荷花池批发市场
8. 河北石家庄南三条小商品批发市场
9. 山东淄川服装城
10. 江苏吴江中国东方丝绸市场
11. 河北石家庄新华贸易中心市场
12. 浙江萧山商业城
13. 江苏常熟招商场
14. 浙江黄岩路桥小商品批发市场
15. 山东即墨市服装批发市场
16. 重庆朝天门综合交易市场
17. 浙江宁波慈溪周巷副食品批发市场
18. 辽宁沈阳中国家具城
19. 山东烟台市开发区彩云城
20. 黑龙江哈尔滨地下商业城
21. 浙江诸暨市大唐轻纺市场
22. 浙江杭州环北小商品市场
23. 吉林长春光复路市场
24. 浙江杭州丝绸市场
25. 山东淄博周村纺织大世界
26. 浙江湖州丝绸城
27. 浙江杭州四季青服装市场

28. 江苏江阴食品城
29. 浙江湖州织里轻纺绣市场
30. 浙江嘉兴洪合羊毛衫市场
31. 浙江杭州轻纺市场
32. 江苏江阴纺织市场
33. 河北石家庄桥西青年街市场
34. 浙江温州永嘉桥头纽扣市场
35. 江苏太仓轻纺市场
36. 浙江嘉兴桐乡濮院羊毛市场
37. 河南洛阳关林商贸城
38. 黑龙江哈尔滨透笼街市场
39. 甘肃兰州东部批发市场
40. 湖南常德桥南工业品市场
41. 辽宁沈阳中国鞋城
42. 甘肃兰州光辉批发市场
43. 河南开封大相国寺市场
44. 广东普宁流沙布料市场
45. 广东兴宁东岳宫市场
46. 广州白马服装批发市场
47. 辽宁沈阳东行市场
48. 浙江嘉善商城
49. 黑龙江哈尔滨南小食品批发市场
50. 河北白沟小商品批发市场